LA CITOYENNE

DU MÊME AUTEUR

Chez FLAMMARION :

Un mari c'est un mari, *roman.*
La vie reprendra au printemps, *roman.*
La Chambre de Goethe.
Un visage, *roman.*
Le Mois de septembre, *roman.* (Réédition : avril 1985.)

Chez JULLIARD :

L'Ile sans serpent, *récit.*
Je vous aime.
La Demoiselle d'Avignon, *roman* (en collaboration avec Louis Velle).

Chez D'AUTRES ÉDITEURS :

La Petite Fille modèle, *récit.*
Babouillet ou la Terre promise.

FRÉDÉRIQUE HÉBRARD

LA CITOYENNE

FLAMMARION

ISBN 2-08-064601-X
Printed in France

à toi, Jeanne Hébrard,
qui m'as appris la République

7 juin 1927.

André Chamson oublie dans un taxi le manuscrit des *Hommes de la route.*

Il vient d'apprendre qu'une petite fille est née à Nîmes.

C'est moi.

Le premier souvenir?

Tissé des fils de notre mémoire mêlée à celle des autres, pris aux rets de la trame de l'histoire, nous savons tous qu'il n'existe pas.

J'invente le mien :

... dans une des villes de la Provincia Romana, très exactement au cœur de la Perle des Gaules, sur les degrés de la Fontaine qui baigne le Temple de Diane, une grande chatte soyeuse, de race dite Europeanna, allaite une petite fille.

C'est moi.

Il y a de la musique...
C'est beau...

Ma petite main atteint à peine la barre... « Bras ronds devant!... pieds ouverts!... le dos bien droit!... »

On a dû m'amener au cours de danse dans un panier comme un chiot.

Un jour, je ferai des pointes comme les grandes.

« Un! deux! trois! » dit le piano.

« Première! Deuxième! Troisième! » dit la dame.

Je ne sais pas encore compter mais j'obéis.

Au rythme.

Après viennent les souvenirs politiques.

LA PETITE FILLE
DU FRONT POPULAIRE

JE SUIS NÉE EN TEMPS DE PAIX

J'étais encore toute petite puisque j'étais élève au lycée Henri-IV et que cet auguste établissement n'acceptait les personnes du sexe que dans les classes dites enfantines en ces temps reculés des années 30. Pour la Saint-Charlemagne, un goûter réunissait tous les premiers du lycée et, grâce à un savant dosage de fainéantise généralisée et d'étincelles en récitation et gymnastique, je fus conviée, avec les grands, à cette cérémonie sucrée.

Je m'aperçus que j'étais la seule fille figurant dans cette assemblée de potaches de tous formats. Je m'aperçus que je pouvais en tirer un avantage considérable. Mon unicité et ma petitesse faisaient converger vers moi les attentions charmantes et brutales de ces Premiers aux doigts tachés d'encre, aux cheveux plaqués à la Gomina Argentina, au Baker Fix ou à l'eau du robinet. Sans ouvrir la bouche pour autre chose que pour m'empiffrer, minuscule, l'oreille grande ouverte et l'œil vif, je me sentais présider ce groupe de bons élèves. Je réservais mes sourires les plus gracieux aux très grands, ceux qu'on nommait « les Prem », « les Math », « les Philo », parce que c'était auprès d'eux que j'avais le plus de succès et que cela désespérait Pierrot, mon camarade de onzième, premier en calcul et en orthographe, un garçon déprimant dont la tenue des cahiers – exemplaire – trahissait un manque total de personnalité et de fantaisie. Je rentrais de ces noces enfantines beurrée comme un croissant de luxe, enivrée de chocolat chaud et d'hommages bourrus et je m'écroulais sur mon lit comme un héros de Zola pris par l'absinthe.

J'aimais le monde.

J'aurais voulu être conviée aux fêtes des grands ainsi que j'étais conviée à la Saint-Charlemagne mais mes parents me tenaient à l'écart comme si j'avais été imprésentable. Pourtant, chaque fois que j'arrivais à m'imposer à leur société, j'avais remarqué que je devenais le centre d'intérêt et je ne comprenais pas pourquoi ils continuaient à priver leurs invités de ma présence.

J'assistai cependant à plusieurs soirées en me cachant dans un placard de l'entrée. Je trouvais le spectacle rigolo et, assise sur la couverture pliée en quatre de la planche à repasser, je n'aurais pas donné ma place contre une poupée parlante sans savoir que les acteurs de la pièce dont j'étais l'unique spectatrice se nommaient Malraux, Prévost, Guilloux, Gide ou Saint-Exupéry. Il y en eut même qui parlaient une langue incompréhensible : Fitzgerald qui essaya un soir de nager dans un seau à champagne, King Vidor qui tenta d'entraîner mon père à Hollywood. Ceux-là avaient des femmes extraordinaires en satin blanc et renards argentés, avec des dos nus et des yeux pleins de vide.

J'aimais les femmes.

A la folie comme toutes les petites filles qui se préparent à aimer les hommes. C'est d'ailleurs une femme qui m'entraîna dans les fascinations du monde et des vanités, la belle Natacha, femme d'André Beucler, qui demanda un soir à voir la petite fille. Elle m'assit près d'elle sur le canapé et, pour que je n'aie pas froid, elle m'enveloppa dans sa cape de fourrure dont seuls dépassaient mes pieds nus.

– Mais elle danse! s'écria-t-elle en les prenant dans sa main scintillante, et je les cambrais davantage comme pour monter sur les pointes.

La fourrure était douce. Zibeline? Chinchilla? Petit-gris? Je ne saurai jamais quelle bête me réchauffa ce soir-là, mais la cape de Natacha et son parfum traversent souvent ma mémoire à la façon du petit gâteau que vous savez. Le lendemain de ce soir historique, je me mis en quête d'un observatoire et c'est ainsi que je découvris le placard de l'entrée et la couverture de la planche à repasser. De cet endroit privilégié je pus assister à un dîner avec André et Clara Malraux, dîner particulièrement gai et réussi à cause d'une bouteille de châteauneuf-du-pape oubliée sur un radiateur. Leurs éclats de rire couvraient les miens et protégeaient mon incognito. J'aurais aimé que mes parents se laissent aller à boire – et chaud – plus souvent, cela les mettait de bonne humeur. Parce que, côté conversation, je les trouvais plutôt sinistres. J'avais retenu qu'ils « agitaient des idées » et qu'ils « refusaient l'anecdote ». Heureusement, parfois, Louis Guilloux enlevait ses chaussures et se mettait à danser et chanter en breton :

– *Aaa nik emad nik emad potreu ouari koukou, ouari koukou, gana pla-at!*

On recevait aussi Adrienne et Sylvia qui étaient des nobles très amusantes, les Demoiselles de Shakespeare and Company. Adrienne était toujours habillée en moine et Sylvia parlait comme un dessin animé. Et puis

Wanda Wolska, une Polonaise peintre, rousse aux yeux verts, qui appelait papa « l'Homme » et maman « la Femme », et arrivait à faire rire tout le monde. Il paraît qu'elle les « tenait sous son charme ». Anna, notre grosse cuisinière, ne l'aimait pas.

– Une artiste!... disait-elle comme si elle avait cassé un œuf pas frais.

Anna n'avait de considération que pour Natacha Beucler :

– Une femme qui ne porte jamais deux fois la même robe...

Et elle ajoutait avec une expression terrifiante :

– Je voudrais voir son linge!

Moi j'aimais les demoiselles nobles, j'aimais Wanda, j'aimais Natacha, j'aimais les femmes avec gratitude. Plus elles étaient belles, drôles et charmantes, plus je me sentais heureuse. Wanda peignait des vaches qui ressemblaient à des tasses et des tasses qui ressemblaient à des vaches. Elle se noya dans la Méditerranée avec son amoureux. Ce fut la première fois que je vis pleurer les grandes personnes et j'eus du mal à pardonner à Wanda de nous avoir abandonnés.

Mes parents n'avaient pas d'argent mais il paraît que ça n'a aucune importance quand on est capable d' « agiter des idées ». Bon. Je ne cherchais pas à comprendre. J'enregistrais. Mais mon abonnement à la couverture de la planche à repasser prit fin tragiquement à la suite d'une révélation de mon père :

– Quand j'étais en prison..., dit-il.

Le ciel me tomba sur la tête. Papa avait été en prison! j'étais la fille d'un bandit! Le chagrin me catapulta hors de ma cachette et j'atterris au milieu du salon, sanglotante, pieds nus, le nombril à l'air dans mon pyjama trop petit, hoquetant des mots sans suite qui firent croire à l'assemblée que je venais d'être victime d'un cauchemar ou d'une crise d'appendicite.

Quand ils comprirent, enfin, que c'était l'évocation de la prison de mon père qui m'avait mise dans cet état, un énorme éclat de rire les souleva. Il ne fallait pas que je pleure : ils avaient tous fait de la prison! Tout le monde en faisait! C'était très bien, très chic!

– Ah! bon? Alors moi aussi j'en ferai quand je serai grande? demandai-je avec espoir.

Eh bien, non. Je n'en ferais pas. Parce que j'étais une fille.

– Mais je vais à un lycée de garçons! répliquai-je, révoltée.

– Oui, mais tu ne feras pas ton service militaire!

L'injustice de mon état fit revenir les larmes que l'espoir avait taries.

– Et d'abord qu'est-ce que tu faisais dans ce placard? demanda ma mère qui avait découvert ma cachette béante. Au lit tout de suite!

Je résistais. Je suppliais :

– Veux aller en prison avec papa!

Je piétinais. Je m'accrochais. J'embrassais des genoux. Je refusais un avenir ségrégué où seuls les hommes avaient le droit de faire huit dont quatre de par la volonté des adjudants.

Je venais de militer pour le M.L.F.

Je m'en tins là en ce qui concernait la condition féminine. D'ailleurs, peu de temps après, les événements me précipitèrent malgré moi dans la politique.

La grande.

Très exactement le 6 février 1934.

Sans rien comprendre à ce qui se passait, je perçus les coups du sort, le changement d'atmosphère nerveuse, à peu près comme le chat. « A bas les voleurs! » : pour Minet et moi ça ne voulait pas dire grand-chose mais ça nous faisait grimper aux rideaux, toutes griffes dehors, dans un univers transformé où nous sentions crépiter l'électricité peut-être encore plus douloureusement que les grandes personnes.

« A bas les voleurs! A la Chambre! »

Ils devaient être fatigués pour vouloir tous aller se coucher...

J'avais Minet dans les bras le soir où j'ai vu papa avec le revolver. Je n'avais jamais vu de revolver mais j'ai tout de suite su que cet objet, noir et brillant, en était un. J'ai serré très fort Minet dans mes bras et on a dormi tous les deux ensemble pour se consoler.

Comme c'est difficile d'informer un enfant! Qu'aurais-je compris si mon père m'avait dit :

– Ne t'inquiète pas, je vais rejoindre le président Daladier. Il se peut qu'il y ait de la bagarre, c'est pour ça que je suis armé. Nous essayons de sauver la République, fais-moi confiance.

De toute façon, je lui faisais confiance. D'ailleurs ce n'est pas le soir du revolver que j'ai eu le plus peur mais le 11 ou le 12 février, quand il a reçu la lettre de *Gringoire* lui proposant de publier son prochain roman. Il était hors de lui, il venait de rentrer, tard comme d'habitude, et il tenait la lettre à la main, il avait encore son pardessus sur les épaules et un chapeau mou sur la tête et il criait :

– Ils se figurent qu'ils peuvent m'acheter! Mais je ne suis pas à vendre!

Quand je revois cette scène, il me semble qu'elle sort de la série *Les Incorruptibles.* Tous les hommes de mon enfance avaient l'air d'incorruptibles. Tous ne l'étaient pas mais, celui-là, on aurait pu inventer le mot rien que pour lui.

D'autres que moi ont raconté les années 30 et je ne prétends pas les raconter. Je ne désire ni adapter, ni censurer la petite fille que je fus, je voudrais parvenir à l'écouter, percevoir les échos de cette voix minuscule et retrouver avec elle les coins d'ombre, de mystère et les éclatantes lueurs qui sont les couleurs de l'enfance.

Je vivais donc chez mes parents.

Banal.

Mais leur couple ne l'était pas.

Mes incorruptibles étaient chartistes, cévenols, écrivains, protestants et de gauche. Ils étaient sévères avec moi, accueillants avec leurs amis. C'était l'époque où la télévision était encore un bébé-éprouvette qui vagissait en laboratoire. Alors les écrivains se parlaient, se recevaient et, quand ils ne les agitaient pas, échangeaient des idées. Les murs des appartements étaient blancs ou bleu marine, les moquettes crème et les éclairages indirects. Les lèvres des femmes étaient rouge sang comme allait le devenir la révolution espagnole mais nous possédions encore des ponts qui nous venaient directement du XIXe siècle. Par exemple les effrayants et interminables voyages en chemin de fer. Hurlements déchirants des sifflets, soupirs expirants des locomotives, pouls géant des pistons au repos, escarbilles meurtrières dans l'œil qui pleure, odeur infâme des gares... Tout ça c'était vieux, vieux comme les pantalons fendus de ma grand-tante Marguerite, comme le médecin de quartier qui montait jusqu'à notre sixième quand je toussais ou que j'avais mal au ventre. Il avait au moins cent ans et, barbe blanche en fleuve, portait la redingote, sa main gantée de gris serrant la sacoche à soufflets. Il devait avoir échangé, depuis peu et à regret, son haut-de-forme contre un chapeau à bords gansés. Sa barbe me terrifiait. Elle donnait lieu à des auscultations soyeuses et ophidiennes qui me convulsaient.

– J'ai peur qu'il m'embarbouchine! confiai-je à maman d'une voix altérée par l'angine et l'angoisse.

Le mot circula dans les couloirs de la N.R.F., on en parla au cours d'un de ces fameux samedis chez Daniel Halévy où j'étais connue sous le nom de Mussolina à cause d'une colère que j'avais faite devant un pédéraste milliardaire et mécène, un homme très pâle qui n'aimait pas les petites filles et surtout pas celles des écrivains. A part cette colère, à part un goût très vif pour les nourritures terrestres que je partageais avec André Gide, à part le goût des mondanités que je partageais avec Somerset Maugham et, bien sûr, le goût pour les femmes que je partageais avec tout le monde sauf avec le pédéraste milliardaire et mécène, à part tous ces petits défauts, j'étais une petite fille absolument exquise et très recherchée. Si Daladier était encore de ce monde, le Taureau du Vaucluse pourrait vous raconter le déjeuner de rêve qu'il dégusta chez mes parents, ou plutôt chez moi car mes parents il pouvait les voir où et quand il voulait tandis que moi c'était tout à fait exceptionnel et imprévu.

Imprévu. D'autant plus que, comme d'habitude, on m'avait écartée. Quand on recevait, automatiquement je filais aux oubliettes. J'ai mangé pendant toute mon enfance le bout répugnant des ailes de volatiles que l'on servait aux invités. A la cuisine, dans les courants d'air et les éclats de mauvaise humeur d'Anna, à qui je pardonnais tout car elle ressemblait au magot de porcelaine du XVIIIe, énorme et difforme, qui trônait sur le buffet de la salle à manger. Elle était d'une méchanceté rare, ce qui, dans mon enfance, passait pour une référence et un certificat d'aptitude culinaire. On disait couramment :

– La cuisinière des Untel est très méchante mais c'est un vrai cordon bleu! On vendrait son âme au diable pour pouvoir goûter sa charlotte!

Je voletais en plein merveilleux et cannibalisme dans un ciel traversé d'idées et d'anecdotes où d'énormes mégères ceinturées d'azur, assistées de diablotins marmitons, échangeaient les âmes des gourmands contre des morceaux d'une Charlotte qui ne pouvait être que la femme de Charlot.

Mais revenons à Édouard et à notre déjeuner.

C'était en juin et on se serait cru à Bingerville tant il faisait moite sur Paris. L'asphalte virait à la mélasse, les moineaux se jetaient dans les bassins du Luxembourg, Minet, le ventre en l'air, faisait semblant d'agoniser sur le carrelage de la salle de bains. Pour épargner le président du Conseil qui avait déjà assez de problèmes comme ça, maman avait fait tirer les persiennes de la salle à manger. C'était de très laides persiennes de métal. Un peu rouillées, grinçantes et – qui plus est – sales. Je m'en aperçus d'un seul coup d'œil en passant sur le balcon. Car, si vous avez cru que j'allais rester dans ma chambre, aux arrêts de rigueur, après avoir chipoté les ailerons réglementaires, c'est que vous n'avez rien compris à mon caractère. Affrontant la canicule, je méditais donc sur le balcon et sur la ligne la plus directe pour aller de mon exil à la présidence du Conseil quand soudain je fus illuminée. Je me glissai dans la cuisine, souris suavement à Anna qui me remercia d'un :

– Venez pas m'embêter, sale gamine!

Je profitai d'un instant où le nappage de sa bavaroise (on croyait encore au rapprochement) la mobilisait tout entière, me saisis d'une feuille de papier de verre réservée à l'entretien des couteaux et retournai sur le balcon. Et, là, j'entrepris, malgré la chaleur, le grand nettoyage de printemps.

Le grand nettoyage fut interrompu brusquement, les persiennes s'ouvrirent et je me trouvai précipitée à l'intérieur. Je ne m'attardai pas à étudier l'expression de mes parents, celle du président étant beaucoup plus gracieuse. J'acceptai de m'asseoir sur ses genoux, je le fis rire aux éclats en picorant dans son assiette et je poussai la gentillesse jusqu'à tremper mon museau dans son verre de tavel mais juste pour lui faire plaisir car je n'étais pas encore alcoolique. On fit tous les deux un sort à la bavaroise, j'eus trois canards dans le café mais, au calvados, quand je proposai de danser, maman m'arracha à Édouard, me jeta dans ma chambre avec une grosse claque sur les fesses et m'enferma à double tour, ce qui fait que je n'ai jamais pris congé de notre hôte, ni avant, ni après Munich.

Mes parents me dirent avec tristesse que j'étais très mal élevée et Anna m'expliqua avec jubilation que ça n'avait rien d'étonnant parce que j'étais « une enfant de rouges » et que sa tante, qui était gouvernante chez un chanoine, l'avait d'ailleurs prévenue quand elle avait su que Monsieur et Madame se vouvoyaient, preuve que, peut-être, ils n'étaient pas mariés. Je vécus pendant quelques jours avec l'espoir insensé que ce fût vrai car, avec mon goût des mondanités, je rêvais d'être invitée au mariage de mes parents et d'y porter une robe longue, ce qui achèverait Pierrot qui n'avait pas voulu croire à mon aventure avec le président.

Il faut dire que c'était énorme d'avoir déjeuné sur les

genoux du président! Si je n'y avais pas été, j'aurais eu du mal à me croire. Mais ça s'était bel et bien passé, même si Pierrot ne voulait pas en convenir. Il m'avait même dit, cet imbécile, que, lui, pendant ce temps, il avait pêché des têtards chez son papy, dans la Bièvre, près de Paris, avec le roi et la reine d'Angleterre. Quel serin!

Mais qu'est-ce que c'était que des « rouges »?

Je posai la question à Anna qui me répondit en montant une mayonnaise :

– C'est des salopards!

Donc j'étais fille de rouges et de salopards. Ça me faisait une belle jambe. Si je ne savais pas ce que c'était qu'un rouge, je ne savais pas davantage ce que c'était qu'un salopard.

Alors, comme il était le premier de la classe, je demandai à Pierrot de m'éclairer :

– Qu'est-ce que c'est qu'un rouge?

Je m'attendais à une réaction classique, bourrade, pied de nez, tirage de langue, mais il me regarda avec inquiétude et me dit :

– Pourquoi tu veux savoir?

– Comme ça...

– C'est des salopards!

On tournait en rond.

– Qu'est-ce que c'est des « salopards »?

S'il m'avait répondu : « C'est des rouges », je crois bien que je l'aurais achevé sous le préau de récréation des petits, mais il me répondit :

– Il faut que je demande à mon père. Il sait tout : il est Croix de Feu.

« Croix de Feu », je trouvai ça joli comme un bouquet du 14 juillet! « Croix de Feu » : un vol de lucioles! un ballet de vers luisants! J'en oubliai que Pierrot était imbécile avec ses cahiers trop bien tenus, ses trop bonnes notes, son col toujours blanc et ses joues lisses.

Je rentrai à la maison et je dis :

– J'ai un petit ami, son papa il est Croix de Feu!

Le silence qui suivit m'épouvanta.

– Qui? demanda papa.

– Pierrot, dis-je faiblement.

– Pierrot qui?

Alors là le trou, le vide absolu. Impossible de sortir le nom de famille de Pierrot. Papa me dit doucement :

– Je ne peux pas t'expliquer, tu es trop petite, mais je ne suis pas l'ami des Croix de Feu...

– Je sais, papa.

– Comment le sais-tu? s'étonna mon père.

– Parce que tu es un salopard.

Deux tapes très sèches m'arrivèrent en même temps du côté paternel et du côté maternel sous l'œil douteux d'Anna qui rangeait une pelle à tarte dans son écrin.

– Mais qui t'a appris ce vilain mot?

Stoïque, muette, je regardais l'infâme Anna sans la nommer. Pour la première fois de ma vie je venais d'être manipulée et je n'aimais pas ça.

Mais qu'est-ce que ça voulait dire « un salopard »?

Je venais de comprendre la force des mots. Je venais de comprendre que, derrière leur façade, se cachait le monde des grandes personnes. Et que posséder le sens des mots, c'était posséder le monde. Eh bien, j'allais apprendre. D'abord je demanderais toujours :

– Qu'est-ce que ça veut dire?

Croisade risquée et souvent vouée à l'échec puisque, deux fois sur trois, les grandes personnes vous répondent :

– Tu es trop petite!

Mais il n'y a pas de menus profits, un jour je comprendrai tous les mots du monde.

Et quelqu'un finira bien par me dire ce que c'est qu'un salopard.

Et, brusquement, grisantes, trois promotions m'arrivèrent coup sur coup.

D'abord j'eus ma photo en première page d'un journal. Ensuite je reçus « personnellement » un bristol (qu'est-ce que c'est un bristol?) m'invitant à goûter dans une ambassade (qu'est-ce que c'est une ambassade? – faites-moi confiance, je ne laissais rien passer!). Enfin je fus témoin à un mariage princier.

La photo, ce fut très amusant. On m'habilla, on me coiffa, on m'éclaira et le photographe me dit :

– Il faut jouer à la poupée.

Je savais. J'avais même un début de collection. La photo plut tellement à Emmanuel Berl, le directeur du journal *Marianne* (qu'est-ce que c'est « Marianne »? – C'est le nom de la République. – Qu'est-ce que c'est la République? etc., un vrai calvaire pour des parents), qu'il me demanda en mariage. Je refusai. Et, pendant des années, je repoussai ses avances parce que je trouvais que trente-huit ans de différence entre des fiancés c'était un peu trop.

L'ambassade, c'était l'ambassade de Tchécoslovaquie (où c'est ça? – bon j'arrête). C'est à ce premier goûter dans le monde que je fis la connaissance des petits Kayser. Leur père était auprès de Daladier avec le mien. Ils étaient quatre enfants et, comme je venais de refuser les propositions d'Emmanuel Berl, je décidai d'épouser Bernard qui avait sept ans et demi, âge plus en accord avec le mien que celui de mon premier directeur de journal.

L'ambassade me parut somptueuse. Nous fûmes accueillis par un homme qui portait un collier d'argent et qui rit beaucoup quand je lui dis poliment :

– Bonjour, monsieur l'Ambassadeur!

Il cria mon nom très fort et j'entrai dans une grande pièce comme dans un conte de Perrault. Il y avait des tapis sur des tapis, des nappes sur des nappes, des éclairages roses et des femmes de chambre souriantes qui nous bourrèrent de chocolat à la cannelle, de gâteaux au sésame et de crème au gingembre. J'avalai tout stoïquement au milieu de petits enfants aussi héroïques que moi. Quand les mères vinrent nous chercher, accompagnées de l'ambassadrice, Jean-Paul Kayser cria :

– C'était mauvais, maman! Mais tu avais dit qu'il fallait être bien élevés, alors on a fait comme si c'était bon!

Jean-Paul est mort au cours de l'hiver 82. Je ne l'avais pas revu depuis les années qui suivirent la Libération. Il était devenu un personnage très important du parti communiste. Son enterrement eut lieu le lendemain de la nuit où le gel avait fait éclater les arbres d'Ile-de-France. Nous nous étions à peine couchés. Nous avions écouté le gémissement des arbres et le fracas de leur chute autour de « Coin-Perdu ». Être vertical où circule un sang vert, l'arbre, quand il tombe, évoque notre mort. Je dormis peu, me demandant si je pourrais, au matin, gagner l'hôpital du Kremlin-Bicêtre où avaient lieu les obsèques. Des troncs et des branches s'étaient abattus sur la route de notre montagnette. Je roulai dans les champs, pris des chemins craquants d'herbes gelées et, naturellement, j'arrivai avant tout le monde. Je suis restée dans ma voiture, à boire du thé, à réchauffer mes mains sur la bouteille thermos, et à réfléchir. A tout ça. A l'enfance. A la vie qui est si longue et qui, soudain, est barrée d'un trait alors qu'il reste encore tant de choses à faire. A essayer de comprendre. Pour Jean-Paul, pour mon cousin Pierre Codou qui venait lui aussi de mourir, la pièce était finie. Combien de scènes avais-je encore à jouer? De ma voiture, je les vis tous arriver. Jane Kayser, toujours belle, appuyée sur Marcelle et sur Bernard. Ils étaient suivis d'hommes et de femmes que je ne connaissais pas. Leurs enfants. Et leurs petits-enfants. Déjà.

Oui, il me sera difficile de suivre le fil chronologique sans être ramenée du passé au présent. Le cœur comptabilise tous les niveaux de la mémoire, créant une sorte de Temps Universel où les héros de nos souvenirs ont don d'ubiquité.

Les fleurs s'amoncelaient devant la tribune où se succédaient les discours. A quelques mètres de moi, il y avait Marchais, Fiterman, Andrieu. Si j'avais rencontré Jean-Paul quelques mois plus tôt, si nous avions parlé politique, nous nous serions heurtés. « Parler politique? Futile, futile... Politique? Allez campagne cueillir fleurs des champs [1]... »

C'est après mes débuts de cover-girl et de femme du monde que je mariai Minet. Plus exactement, Minette. Mais pas avec n'importe qui. Avec un prince russe. Un vrai.

1. B. Pasternak, cité par Lucie Mazauric, *Vive le Front populaire!*, Plon.

Il s'appelle Rouslane. C'est un angora bleu pur sang qui accepte de se mésallier avec Minette parce qu'il connaît maman et qu'elle est intime avec sa famille. Deux dames russes. Blanches. Qui font des chapeaux à maman et que maman adore. Elle veut que je les connaisse. Il paraît que c'est important. Elle m'emmène chez les sœurs Rouslakoff avec Minette dans un panier. Minette qui pleure lamentablement dans le taxi.

– Elle est pas à la noce! dit le chauffeur.

– Non mais elle y va! dit maman.

Je hais les taxis, ces G7 rouge et noir qui sentent si mauvais. J'ai envie de pleurer comme Minette.

Mais, quand je suis chez les sœurs Rouslakoff, je ne regrette pas ma course. Il y a des chapeaux posés partout comme des oiseaux dans une volière. Il y a Rouslane qui est beau comme « Il était une fois... » Ça ne m'étonnerait pas qu'il se transforme en prince et plie devant moi un genou de soie :

– Je vous attendais, ma princesse!

Mais ça ferait de la peine à Minette qui est plus vieille que moi – elle a trente-huit ans de chat – et qui a besoin de se marier. Moi, je suis encore jeune, je reviendrai, Rouslane, mon beau minet.

Les sœurs Rouslakoff m'adorrrrent au premier coup d'œil. Je suis un peu déçue parce qu'elles ne sont pas vraiment blanches. Enfin, pas plus que maman et moi. Mais elles sont si charrrrmantes! Elles disent que j'ai une tête à chapeau. Elles m'essaient cloches, canotiers, capelines, voilettes, plumes, aigrettes, fleurs! Et une couronne de mariée! Elles me couvrent de baisers. Elles disent que je me « déplace » comme une ballerine. Elles me bourrent de blinis, de zakouskis et de pirojkis. Elles soufflent le samovar. C'est la première fois que j'en vois un, c'est très beau. C'est la première fois que je bois du thé, c'est très bon. Je jure d'en boire toute ma vie et je puis dire que j'ai tenu parole.

Ce mariage de Minette était pour moi une épreuve initiatique, un jour symbolique, une date historique. Si maman ne m'y avait point conviée, je serais une autre.

Les sœurs Rouslakoff ont versé un charme, un philtre, un sortilège dans la fragile tasse rescapée de la Révolution d'octobre. Toute ma vie j'aimerai les chats, le thé, la Russie et les Russes blancs ou rouges, qu'ils le veuillent ou non.

боже русь храни[1] !

Rouslane a épousé Minette.

Et moi, dans une gorgée d'infusion de camélia de Chine, avec la bénédiction de Monseigneur le Chat, je viens, sans le savoir, d'épouser le prince André.

Papa avait été nommé conservateur adjoint au Musée de Versailles. Avant que Minette n'ait fait ses petits – sur mon oreiller pour m'associer à sa joie –, il fut question de déménagement.

Jamais je n'avais posé autant de questions. Je voulais savoir où je mettais les pieds et je n'en croyais pas mes oreilles de ce que j'apprenais. On allait vivre chez le Roy! J'avais déjà du mal à le croire et je me doutais que c'était une chose que je ferais difficilement avaler à Pierrot. Ça ne manqua pas. Quand je lui confiai, au cours d'une récréation : « Je vais vivre chez le Roy, à

1. Dieu bénisse la Russie!

Versailles », il me chanta, cet imbécile : « Monte là-d'ssus et tu verras Montmartre! »

Je lui tirai la langue, il me tira les cheveux et la maîtresse dut nous séparer. Mais, quand il eut interrogé son paternel Croix de Feu, il fut bien obligé de reconnaître que j'avais dit la vérité. Il se vengea en disant :

– Mon papa il dit que c'est une honte que ton papa qui aime pas Louis XIV aille habiter chez lui!

Furieuse, je répliquai :

– Il aime pas Louis XIV, mon papa, qu'est-ce que t'en sais?

– Je le sais!

– Tu sais rien de rien!

– Je le sais! Je le sais parce que ton papa c'est un camisard!

Un camisard? Il était tout ça, mon père? Mince! On n'en sortirait jamais! Je pouvais pas suivre, moi!

Mais si, j'allais suivre, et longtemps car la promenade était loin d'être finie.

Ce ne fut pas l'idylle, Pierrot et moi, et pourtant, si longtemps après, j'ai toujours du chagrin quand je pense à lui. Qu'est-il devenu? Qu'est devenu son papa Croix de Feu qui savait tout comme tous les papas? Au bout du chemin il y avait tant d'options! « Maréchal nous voilà », la collaboration, la Résistance, les camps de la mort... Qu'es-tu devenu, mon ami Pierrot? Je regarde la photo de notre classe et je ne peux même plus te reconnaître. Je ne retrouve plus ton nom de famille... Es-tu toujours vivant, petit frère? Te souviens-tu de moi? Qui es-tu?

Et qui suis-je, moi? Moi qui fus la petite fille des rouges, des salopards, des camisards et du Front populaire, moi qui pus traverser la Résistance un doigt sur les lèvres, sur la pointe des pieds, suivant le chariot de la Joconde avec les mots invisibles qui parlaient d'espoir. Vers quel rendez-vous étais-je menée? Le temps passe, les années s'ajoutent aux années mais l'espoir reste vif comme au temps de l'enfance. Il y a davantage d'images aux archives de la mémoire mais y a-t-il davantage de lumière pour éclairer le paysage traversé? Suffisamment pour reconnaître ce paysage. C'est la France. Désir violent d'y vivre en paix. Épi de blé, cep de vigne, herbe du chemin.

Tu m'avais fait un drôle de cadeau, Pierrot, avec le mot « Camisard ». Sans le savoir tu venais de me délivrer mes quartiers de noblesse. Mais, tudieu! que j'en fus embarrassée, au début!

Rimant avec un mot, toujours obscur, qui m'avait valu deux beignes, je ne me hasardai point à le risquer sur le tapis de la salle à manger. Je n'avais, d'autre part, aucune envie de questionner Anna qui venait de prouver une fois de plus sa malfaisance. Elle avait insisté pour que maman engage une petite jeune fille : « Madame a besoin d'une femme de chambre. » En réalité, Marie n'était pas la femme de chambre de maman, mais l'ilote d'Anna qui la traitait comme Caligula n'aurait jamais osé traiter le dernier des esclaves enchaînés à son char. La pauvre Marie était l'image même de l'imbécillité. Dévouée à Anna comme le chevalier à sa dame. Disant : « Faut pas siffler, ça fait pleurer la Sainte Vierge! » (Ce qui n'était pas vrai, quelques essais infructueux devant une statuette de la Madone que la simplette m'avait prêtée me le prouvèrent.) Le dimanche, Anna refusant de l'emmener chez sa tante gouvernante de chanoine, maman lui offrait le cinéma. Elle revint un soir, disant :

– J'ai vu un film si bête qu'au début ils appelaient un monsieur Bol à Barbe et puis, après, c'était le même mais tout le monde disait : Nabot Léon.

Maman nous expliqua que c'en était encore un troisième, l'Empereur, mais Anna, comme elle était cuisinière et méchante, en fit des « gorges chaudes ». Et toute la rue Mouffetard où elle faisait « danser l'anse du panier », la concierge l'avait dit, se tint les côtes aux frais de la pauvre Marie. Et pendant ce temps Anna disait qu'elle était bien malheureuse de servir chez des gens qui n'étaient pas des vrais riches et où il y avait plus de bidets que de crucifix et que c'était triste d'avoir une patronne qui n'avait pas de dessous mais que ça n'avait rien d'étonnant quand une femme veut travailler comme un homme.

Plus souvent que j'irais lui demander :

– Anna, vous qui ne pouvez pas nous voir, dites-moi ce que c'est qu'un camisard!

Mais à qui, mais à qui le demander?

Alors l'Éternel, au-delà de nos montagnes des Cévennes, eut pitié de moi et de l'obscurité dans laquelle je me débattais, et il dépêcha ses anges et surtout son chemin de fer vers moi et, un beau matin, très fatiguée mais très en forme, mémé arriva.

Et la lumière fut.

Mémé était le contraire d'une petite femme indécise.

Elle se détache de toutes les autres vieilles dames de mon enfance, toutes veuves et de noir vêtues comme elle, parce que jamais je ne la vis faire acte d'allégeance vis-à-vis des hommes. Les autres disaient : « Je ne suis qu'une femme. » Mémé proclamait : « Je suis une femme. » Il faut dire qu'elle avait été celle du dieu Némausus mais, ça, je ne devais le découvrir que plus tard, pendant la guerre de 39-45.

Et puis, seule de tous mes proches, elle possédait la clef du Sanctuaire.

– Nous sommes protestants, me disait-elle parfois.

Je répondais :

– Oui, mémé.

Et elle avait l'air contente.

Un dimanche matin, à Valleraugue, elle m'avait emmenée au Temple et là, d'une voix formidable, elle avait chanté un psaume :

– Que Dieu se montre seulement!

Dans un grand silence, tout le monde avait regardé un petit vieux en robe noire avec un rabat blanc qui montait péniblement les marches de bois d'un escalier en colimaçon. Puis il s'était tourné vers nous et j'avais espéré que ce n'était pas Dieu. Il avait dit d'une voix très faible qu'il fallait s'aimer les uns les autres et rester dans le bon chemin, ce qui me parut être la version grandes personnes du fameux : « Sois sage et tiens-toi droite! » que les enfants connaissent bien.

Dans mon passé, cet épisode se situait à égale distance entre la Chatte Europeanna et l'Affaire Stavisky, date où l'on me fit « monter » à Paris et débuter dans la danse classique. La Chatte et Stavisky resteront pour moi deux puissantes figures du Mythe, siégant à la droite et à la senestre de Dieu.

Mémé débarquait toujours à la maison avec des olives, des châtaignes et des croquants Villaret. Le croquant Villaret est une pâtisserie gallo-romaine dont la pâte amandine est aussi résistante à l'assaut de la dent humaine que la pierre de la Tour Magne aux injures du temps. Phénomène merveilleux, les vieillards édentés en raffolent! Et pour nous, Nîmois, cette friandise imprenable est une façon de témoigner que nous sommes toujours citoyens de Rome.

J'attendis que nous soyons seules et je lui demandai avec l'air de ne pas y attacher tellement d'importance :

– Qu'est-ce que c'est un camisard?

Et là, j'appris que, moi aussi, j'étais camisard!

Qu'est-ce qu'il m'avait pas fait, Louis XIV! Il m'avait pourchassée! envoyé un dragon! enfermée dans une tour! fait ramer aux galères! brûlé mes récoltes! pris mes jeunes filles pour en faire des religieuses! demandé d'abjurer et de prononcer la formule : « Je me réunis! » mais j'avais dit non! et, pendant trente-huit ans, j'avais gravé REÇISTER dans la tour! Tout ça parce que le Roy était catholique et que nous, les camisards, on était protestants. C'était bien notre droit!

Et j'allais habiter chez lui? Il allait pas m'embêter encore?

– Non, dit mémé, radieuse. C'est fini les guerres de Religion. C'est la République. C'est la Liberté.

Malheureusement elle flanqua tout par terre en me disant de me laver les mains, de ranger mes affaires et de finir mes devoirs, ce qui me prouva qu'on était toujours le camisard de quelqu'un.

Au fond, je n'avais pas beaucoup plus de renseignements sur l'existence que la pauvre Marie mais, déjà, Nabot Léon perçait sous Bol à Barbe et j'avais compris qu'on ne choisissait pas. La vie c'était un peu : « Mange ce qu'on te donne! » et on ne savait jamais ce qui allait, bon ou mauvais, atterrir dans votre assiette. Il devrait y avoir des bulletins d'informations spécial-baby avec communiqués simples pour petits enfants. C'est un peu ce que les frères et sœurs de familles nombreuses arrivent à émettre au sein de leurs cénacles, mais moi j'étais seule en face des grandes personnes. Je ne sais comment cela se fit, je ne sais si j'ai manqué d'attention ou d'imagination mais, un jour, j'ai quitté Paris pour des vacances chez mémé et les camisards et, un jour, je me suis retrouvée à Versailles à la rentrée sans avoir dit au revoir à personne.

Je ne revis pas Anna qui avait refusé de s'expatrier en Seine-et-Oise parce qu'elle avait des « rapports » avec le premier commis du boucher de la rue Mouffetard qui nous « faisait des prix ». C'est-à-dire qu'il nous faisait payer beaucoup plus cher parce qu'elle n'avait « rien à lui refuser ». Anna avait trouvé une place chez « des gens bien, eux » et elle avait recommandé Marie au boucher qui avait besoin de quelqu'un pour « laver le sang et balayer la sciure », parce qu'elle se sentait « des responsabilités ». Ces horribles détails, dignes de Monsieur de Paris, avaient été fournis à maman par la concierge qui lui en avait livré bien d'autres, si affreux que je ne pus y avoir accès malgré toutes mes ruses.

Exit Anna, exit Marie, exit la concierge, exit Charlemagne et le bon Roi Henri. Exit le petit Pierrot. Exit le cours de danse plus vieux que la mémoire. Nous voici à Versailles, chez le Roy.

C'est grand.

Et, quand on est dedans, c'est encore plus grand.

C'est très vide, très blanc, très froid malgré le chauffage central que papa a payé de ses sous. L'Incorruptible ne veut pas profiter de la situation. Heureusement qu'il écrit des livres parce que, Versailles, c'est hors de prix. Le directeur de l'École des chartes l'avait prévenu :

– Puisque vous n'avez pas de fortune personnelle, qu'est-ce que vous venez faire dans les Musées?

Eh bien, il y est, et il sait ce que ça lui coûte.

Mais qu'est-ce que c'est beau!

Le premier soir, on me laisse seule sous la garde d'une nouvelle femme de chambre très jolie, Louise. A la cuisine il y a Rosalie qui est beaucoup moins grosse et beaucoup moins méchante qu'Anna. Il faut deux personnes parce que c'est immense et que maman part le matin pour le Musée du Louvre, où elle est bibliothécaire et archiviste, et ne rentre que le soir.

Ma chambre est la chambre de coin, dans l'aile sud des ministres, à gauche quand on regarde le château. Il paraît que c'était, au temps de Louis XIV, le bureau d'un ministre qui s'appelait Colbert. Tout y est blanc, les murs, la table, les fauteuils, le tapis, sauf le lit qui est recouvert de toile de jute rose parce que c'est la moins chère au marché Saint-Pierre. J'ai dîné dans la cuisine avec Rosalie et Louise et on a bien rigolé. Louise est vraiment très jolie et elle chante très bien.

« Ramona, j'ai fait un rêve merveilleux... » Et Rosalie est tellement gaie. Quand elle rit, les vitres tremblent! « On doit vous entendre jusqu'à Satory! » lui a dit Louise. Elles m'expliquent que le camp de Satory est plein de gradés et qu'il faut toujours sortir avec les gradés, le dimanche, et jamais avec les hommes. Et puis, après avoir saucé son assiette avec une énergie exemplaire, Rosalie est partie retrouver son gradé et je suis restée avec Louise. J'ai fait ma toilette dans la salle de bains inconnue. Elle est si grande qu'on peut y enchaîner trois déboulés à l'aise et je me suis offert quelques variations en me brossant les dents. Puis je me suis couchée chez Colbert... et maintenant j'ai peur. Si peur que je me lève... Louise dort paisiblement dans le petit salon qui sépare ma chambre de celle de mes parents. Elle est vraiment belle... Sa jolie tête repose sur l'oreiller ou plutôt sur un numéro de *Pour lire à deux.* Je me penche et je soulève ses boucles pour déchiffrer un titre : *Le Volage à genoux*! Je pose un doigt timide sur sa joue :

– Louise...

Elle se retourne dans son lit et soupire :

– Robert!...

J'insiste.

– Oui, Léon! dit-elle.

Aucun secours à attendre de ce côté-là.

Je pousse la porte de la chambre de maman. J'allume. La couverture est faite, Minette dort sur le lit. Elle me fait un petit miaulement épuisé et se rendort comme Louise.

Bon.

J'ai tellement peur qu'il faut que je sache ce qui se passe dans le reste de l'appartement. Je suis sûre qu'il se passe des choses la nuit dans ce Palais. Il y a un chandelier sur la cheminée de mes parents... Ça tombe bien, je ne sais pas où sont les boutons électriques du salon et de la salle à manger. Je craque plusieurs allumettes avant d'obtenir une flamme sur la bougie, je quitte les zones éclairées, je m'engage dans le couloir... On se croirait dans une mine, une mine de livres. Ah! la porte du bureau de papa. Sinistre, ce bureau..., toujours des livres..., encore des livres... La porte du grand salon..., j'ai failli lâcher la bougie! Au bout de la pièce, dans un cadre d'or terni, une bougie à la main, quelqu'un me regarde. C'est moi, imbécile! Je ris et ça fait un drôle de bruit dans le silence. Je m'approche de la glace qui m'a fait si peur. Comme elle doit être vieille! Dans les lacs de ses macarons, de ses épis et de ses coquilles elle a pris une nébuleuse de taches dans lesquelles on peut lire le passé comme on lit l'avenir dans le marc de café. Et, peu à peu, tous les hôtes de la pièce entrent dans la glace fée. La petite duchesse de Bourgogne en satin blanc pose le regard sur moi, elle n'a pas la même expression que dans la journée..., il paraît qu'elle sort des réserves du château comme le monsieur en armure étincelante dont le nez est si pointu qu'il doit s'en servir ainsi que d'une arme, comme la bataille navale contre messieurs les Anglais où des boulets éclatent sous mes yeux dans une fumée blanche. Tout craque autour de moi, à la fois trop vieux et trop neuf.

Au fond de la salle à manger il y a un immense placard qui aurait rendu de grands services à la Barbe-Bleue.

Je le regarde et je compte jusqu'à cent pour lui prouver que je n'ai pas peur. J'ai sept ans. J'ai l'âge de raison. Les fantômes n'existent pas.

– ... 98, 99, 100!

Je cours le long des couloirs, je me perds, je me cogne, ma bougie s'éteint, je reviens sur mes pas rechercher les boutons électriques en tâtonnant, j'allume, je retrouve ma chambre, j'éteins et je me jette dans mon lit en claquant des dents. Quelle idée d'habiter chez le Roy!

Je vais aller au « Petit Cours » de demoiselles qui est tout près du château. Ça me consterne d'aller chez les filles. Après Hache-IV, comme on dit, quelle déchéance!

– Est-ce qu'il y aura un cours de danse?

– On verra, dit maman.

– Je veux danser!

– Si tu travailles bien.

Alors là, ça n'a vraiment aucun rapport! Je veux danser parce que je danse bien et je ne veux pas travailler parce que je travaille mal. C'est clair, non? Je veux danser!

Maman essaie de me séduire :

– Tu vas trouver de gentilles petites camarades! Au fond, jusqu'ici, tu n'as pas eu d'amies. Rien que des garçons!

Oui, rien que des garçons et figure-toi que je m'en portais très bien. Mais, quand même, je voudrais que maman ait raison et, le jour de la rentrée, fleurant l'eau de Cologne et le cuir neuf, la main dans la main de Louise, je débarque au « Petit Cours » non loin de la place Hoche.

Rien que des filles dans le préau! Pas un seul garçon! Comment vais-je tenir? Enfin, c'est comme ça. On se sourit, on se regarde, je fais un pas, une fille s'approche, je vais vers elle, une autre suit...

– Bonjour.

– T'es catholique ou protestante? me demande la fille qui est venue vers moi.

– Protestante, mais... – souci d'exactitude d'enfant de chartistes – mais plutôt camisarde.

– Alors on jouera pas avec toi!

– Et pourquoi vous jouerez pas avec moi?

L'émotion m'a fait retrouver un accent du Midi 5 sur 5.

C'est l'hilarité autour de moi. Les petites papistes se tiennent les côtes :

– Elle parle comme Marius, la protestante!

C'est mon drame, ça : quand j'arrive à Nîmes on se moque de moi parce que je parle pointu et quand je remonte à Paris je parle comme Marius! Je crie :

– Mais pourquoi vous voulez pas jouer avec moi?

Danse du scalp des papistes :

– Marius! Protestante! Sale protestante!

Je suis révoltée :

– Croix de Feu! Croix de Feu!

Et, insulte originale :

– Filles!

Je ne pense pas que le « Petit Cours » de demoiselles s'honore de me compter parmi ses anciennes élèves car mon séjour y fut bref.

Le lycée de jeunes filles était beaucoup plus loin du château mais mes parents jugèrent que les établissements de la République présentaient moins de risques pour leur progéniture. J'eus cependant le temps, avant d'y être transférée, de perdre mon accent saisonnier et de m'habituer à mon Palais. Je ne voyais maman que pendant le week-end. Quand je rentrais de classe, à midi, elle était partie depuis longtemps. Parfois je déjeunais avec papa. Rarement. Quand ils n'avaient pas d'invités, quand ils ne devaient pas rester à Paris, ou tout simplement quand ils ne rentraient pas trop tard, je dînais avec mes parents. Le violent plaisir que me causaient ces galas était terni par des détails d'intendance sans intérêt.

– Bois proprement, ne mets pas tes coudes sur la table, ne coupe pas ta salade avec ton couteau! ne parle pas la bouche pleine! d'ailleurs, ne parle pas!

Ma façon de torcher mon assiette comme Rosalie ne leur avait pas du tout plu. Je dois être un vrai cochon pour qu'à l'âge de raison on continue à m'écarter quand il y a du monde? C'est toujours le même scénario : les ailerons à la cuisine, une révérence au salon et hop! au lit.

Enfin, demain, une nouvelle vie commence. J'entre au lycée de jeunes filles.

C'est un très grand lycée où tout le monde porte une blouse de coton rose. Il a très bonne réputation. Si je travaille bien, je pourrai peut-être me faire inviter à une Saint-Charlemagne pour filles... et surtout reprendre la barre et les chaussons. Pour le moment je souris très fort pour ne pas montrer à quel point je suis intimidée. Tout le monde me regarde.

– C'est la nouvelle, dit-on autour de moi.

Je souris encore plus, une fille s'approche de moi et me demande :

– T'es catholique ou protestante?

Je crois que c'est là que je me suis mise à boire.

Que voulez-vous, je me heurtais à quelque chose d'imbécile que j'aurais beaucoup mieux admis si nous avions été des protestants pratiquants. Mais maman m'avait dit qu'elle était « libre penseur » et que papa, lui, avait perdu la Foi à quatorze ans parce que sa petite sœur était morte. Je dois dire que maman avait ajouté, très honnêtement, que la grand-mère de papa lui avait dit à ce moment-là :

– Je suis tranquille... Il saura te retrouver. Il te retrouvera bien un jour...

Ça m'aurait plu d'en parler avec papa, « Il te retrouvera... », mais je n'ai pas osé, c'était vraiment personnel. Et, quand je posai la question à mémé qui possédait la clef du Sanctuaire, elle me répondit exactement comme la mémé de papa :

– Je suis bien tranquille.

En attendant, pendant que je me faisais martyriser par les papistes, ni mes parents ni moi nous n'allions au Temple, je ne préparais pas ma communion à l'École du Dimanche et je savais que je n'étais pas baptisée.

Comment l'avais-je su? Ma propre mémoire n'avait pas pu me renseigner sur une cérémonie qui a rituellement lieu avant l'éveil de la conscience. Je confessais mon protestantisme sans méfiance, comme un jeune juif pouvait confesser son judaïsme, et voilà que, brusquement, je me trouvais dans la situation du petit David s'apercevant qu'il n'est pas circoncis, découvrant qu'il est le seul à ne pas préparer sa *bar mitzva.*

Je demandai pourquoi.

On me dit que je n'étais pas baptisée parce que je devais être libre. Je choisirais plus tard.

Toute ma vie est sortie de ce choix qui semblait être une absence de choix. En mon âme et conscience, aujourd'hui, je crois que je vécus une forme de bénédiction. Mais, aux temps de l'enfance, je regardais avec perplexité la double et blanche cohorte des communiantes. Robes sévères des protestantes, robes brodées des catholiques. Ces processions jumelles et ennemies des panathénées chrétiennes m'habituèrent à l'isolement. Je ne cherchais pas à être différente. Je l'étais. Mais jamais je n'avouai à personne que je n'étais pas baptisée. Il m'aurait semblé abjurer et céder à Louis XIV. Jamais! C'était déjà bien assez lugubre d'habiter chez lui.

Parce que une fois que j'avais expédié – mal – mon travail de classe, je ne savais plus que faire. Je collais à Louise et à Rosalie, je les regardais faire la lessive, étaler le linge, en chantant : « Ô Catarinetta bella, tchi, tchi! », je jouais avec Minette qui vieillissait, je parlais à mes poupées... Qu'est-ce que je m'embêtais! Tout ça jusqu'au jour où je découvris la collection du *Crapouillot* dans la bibliothèque du bureau de papa. Ça commença pépèrement par les deux cents familles avec un festival de barbes pas possibles. Puis, à l'occasion d'un grand enterrement surchargé de plumeaux, je rencontrai la photo de monsieur Albert Lebrun, notre président de la République, et son physique me plongea dans un abîme de méditations. Il n'était pas vraiment vieux, il était le contraire de la jeunesse. Il n'avait pas l'air vrai. Rien à voir avec mon robuste Édouard! Non, monsieur Albert Lebrun ne ressemblait à personne que je connaissais. Ça devait être une race spéciale, les présidents de la République. Ils devaient naître en jaquette et pantalon rayé avec un chapeau haut de forme. Rosalie m'avait dit que ça s'appelait un viroflay. Quand je pensais à monsieur Albert Lebrun, c'était toujours en noir et blanc que je le faisais défiler dans ma tête à dix-huit images seconde comme les taxis de la Marne. J'avais envie de demander à quelle époque il vivait... mais ç'eût été dévoiler mes sources et je n'en avais garde. Surtout après avoir dévoré le numéro spécial (15 F) sur le Crime et les Perversions Instinctives du *Crapouillot.* Les photos, meurtres et pièces à conviction de la collection du docteur E. Locard, laboratoire de police à Dijon, me coupèrent le souffle. « Le Vampire de Muy » ou « Le Violeur de Cadavres », chanson complainte, « Tête de Décapité », « Le Lit du Crime... », il devait pas s'embêter, le docteur E. Locard, les jours de pluie. J'étais absolument terrifiée. Alors, pour me donner un petit coup de courage, je m'en fus dans la salle à manger au sinistre placard et je m'offris une lichette de porto. C'était bon et je décidai que, chaque fois que j'aurais besoin de me remonter le moral, je retournerais à la bouteille.

Et je me mis à boire.

Très peu. Mais régulièrement.

Des années plus tard, vers la fin de l'Occupation, mon oncle Max dit un jour à maman, devant moi :

– Je voudrais bien savoir qui buvait ton porto, à Versailles... Vous m'avez toujours soupçonné...

Je poussai un cri :

– Mon Dieu! mais c'était moi!

On ne m'en avait jamais parlé. Qui aurait pu imaginer que la petite fille buvait en douce? Enfin, j'avais passé de très bons moments grâce à la collaboration de monsieur Galtier-Boissière et de monsieur Sandeman. Mon image préférée était celle du sergent Bertrand déterrant une jeune morte livide dans un cimetière désolé. Évidemment. Mais là, j'avais tellement peur qu'il me fallait forcer sur le porto.

Nous n'étions pas les seuls à vivre dans le château. Conservateurs, architectes, gardiens, jardiniers étaient bien mieux logés que des duchesses sous l'Ancien Régime. Tout ça évoluait dans l'enceinte fermée par les grilles or et bleu de la Cour d'Honneur, entre la Chapelle où toutes les filles de conservateurs avaient le droit de se marier (sauf moi, bien sûr!), la statue de Louis XIV et la fameuse formule : « A toutes les gloires de la France. » Je ne connaissais personne de cette Cour, j'avais déjà bien du mal à faire connaissance avec les appartements et les jardins. Parfois papa m'emmenait avec lui et, chargé d'un gros trousseau de clefs, il ouvrait devant moi des pièces désespérément vides où nos Rois et nos Princes avaient vu le jour, aimé, ri, dansé, versé des larmes, revêtu des armures et des cols de dentelle, commandé des Féeries, signé des Actes couleur de sang comme la Révocation de l'édit de Nantes ou le Code Noir avant de rendre leur âme à Dieu qui avait dû, parfois, en être bien embarrassé.

A peine étions-nous installés que toute la littérature déferlait sur nous. On se bousculait chez les Chamson comme à un Grand Coucher. La consommation de brioche, thé et chocolat atteignit la cote d'alerte dès le premier dimanche, ce qui me donna l'idée de confectionner les fameuses pâtisseries qui furent ma modeste mais très appréciée collaboration à la N.R.F.

Ma préférence allait, évidemment, aux visiteurs chargés d'enfants, surtout de petits garçons tant j'en étais frustrée depuis que j'allais chez les filles.

A peine tombaient-ils entre mes mains que c'était la fête à Petit-Bateau. Je les déshabillais en un clin d'œil et je les déguisais. Pas avec des hardes imbéciles achetées dans un magasin ou trouvées sur une panoplie. Non, avec des tenues que j'avais inventées, fabriquées avec de vieilles robes de maman, des tissus d'ameublement en loques, des guirlandes de Noël ternies, des étoiles déplumées devenues bijoux. La première fois, ils étaient surpris. Certains étaient enchantés de se métamorphoser, d'autres prenaient leur mal en patience et se transformaient sans joie en libellule ou en clochette. Je couvrais leurs minois de peintures de guerre dont ils auraient du mal à se débarrasser entièrement avant le milieu de la semaine. Quand j'étais satisfaite de mon travail et que, moi-même vêtue en odalisque, c'est-à-dire très peu sauf le visage, tout le chic de mon costume résidant dans le diamant que je serrais dans mon nombril, je les lâchais dans l'appartement, carnavalesques et stupéfiants :

– La Frédérique a encore frappé! disaient les habitués.

Si je n'avais qu'une distraction à offrir à mes petits camarades, leurs parents, eux, n'avaient qu'un sujet de conversation : *Vendredi,* le journal qu'ils voulaient fonder pour dire la vérité. Mais, pour dire la vérité, il paraît qu'il faut beaucoup d'argent et que, malheureusement, à partir du moment où on a beaucoup d'argent, on n'a plus du tout envie de dire la vérité. Alors ils cherchaient et c'était très important parce que, s'ils trouvaient, le fascisme ne passerait pas et ce serait bien fait pour Hitler.

Hitler. Quand ai-je entendu ce nom pour la première fois? Comment est-il entré dans mon œil, dans ma conscience, dans ma vie? Peut-être entra-t-il d'abord dans mon oreille? Cette voix d'Apocalypse que l'on n'avait pas besoin de comprendre pour avoir peur. Cet oracle du Mal qui devait régner sur la Terre pendant des lustres et nous laisser autres, différents, même après sa chute. Car l'enfer ne perd jamais totalement la bataille, nous en avons confirmation chaque jour. Ce qui est extraordinaire, une photo en témoigne, c'est que j'ai traversé l'Allemagne et découvert l'Autriche avant la prise de pouvoir d'Hitler...

Noël 1932, je suis une toute petite fille de cinq ans et je vais pour la première fois aux sports d'hiver. A Sonnenfluh dans le Vorarlberg. Nous prenons le train de nuit. Je hais les trains. J'ai peur. « Dors! » dit maman et je dors, la tête sur ses genoux. Quand j'ouvre les yeux, c'est merveilleux : nous sommes en Allemagne.

Je ne me suis même pas réveillée au passage de la frontière et les douaniers, gentils, ont laissé dormir la *kleines Mädchen.* Et maintenant le train roule à travers la neige, les sapins et cette grâce particulière, qui est celle de ce pays et qu'on appelle *gemütlich.*

Je répète *gemütlich* et tout le compartiment rit de mon application.

Comme tout est propre! Les gares ont l'air de joujoux! Elles sont décorées de guirlandes et chacune a son grand sapin illuminé jour et nuit.

« *O Tannenbaum* », chante maman, et je connais cette chanson en français :

Mon beau sapin, roi des forêts...

Toi que Noël planta chez nous au saint anniversaire...

C'est vrai que nous roulons vers Noël, vers la fête, vers les cadeaux.

Ô saint anniversaire! Oh! comme je t'attendais!

Tout était merveilleux et lumineux comme les gares de ce qui était encore la république de Weimar.

Ô Goethe!

Bien réveillée, à la frontière austro-allemande, j'ouvrais de grandes oreilles en écoutant les gens parler une autre langue que la mienne. A Saint-Anton, des traîneaux nous attendaient à la descente du train. Nous glissâmes longtemps sur des chemins glacés. Bien au chaud entre papa et maman, enfouie sous des fourrures comme un souriceau dans la paille, j'écoutais le mugissement d'un torrent, le bruit des clochettes de l'attelage et le hennissement des chevaux qui faisait exploser des nuages de vapeur et soudain, au sortir d'une sombre forêt, je vis, de l'autre côté de la vallée, à flanc de montagne, tout illuminé en signe de bienvenue, le chalet où nous étions attendus...

C'est peut-être ça mon premier souvenir?

La Paix.

Mais, le 30 janvier, Hitler prenait le pouvoir, en février c'était l'incendie du Reichstag et, le 21 mars 1933, le monde assistait à la naissance du IIIe Reich.

Je regarde la photo du temps de la paix...

Que sont-ils devenus ces deux petits montagnards qui ne me quittèrent pas et qui glissaient sur les pentes comme des lutins? Maman les emmenait avec nous manger des omelettes à la confiture dans des fermes qui sentaient bon la vache et le lait bourru.

– *Danke schön, Frau Chamson,* disaient-ils en ôtant leur bonnet, *auf wiedersehen,* Riquette!

Et, le dernier jour, on s'embrassa.

– *Bis nächstes Jahr!*

A l'année prochaine...

Que sont-ils devenus? Sont-ils restés, avec d'autres enfants blonds, dans des uniformes trop grands, sur la neige de Stalingrad ou sur la terre de mon pays? Sont-ils toujours vivants? Pensent-ils parfois, en regardant une vieille photo, à la *kleine Franzose* qui fut un enfant comme eux? Un enfant des années 30, un de ces enfants qui grandissaient avec ce vers dans le fruit, cette mystérieuse promesse d'horreurs qui devait, hélas, être tenue. Car le vers et la promesse étaient au sein de tous les petits enfants, ceux d'Allemagne, d'Autriche et de France, et tous jouaient encore sans savoir ce qui les attendait. Et le vers et la promesse étaient en moi la rouge comme en Pierrot le Croix de Feu, et nul n'était à l'abri, le IIIe Reich nous avait tous choisis pour faire de nous des élus et des victimes. Et les filles qui ne voulaient pas jouer avec moi parce que j'étais protestante portaient déjà le sceau invisible. Comme mes petits amis du dimanche, catholiques, protestants ou rien. Ou juifs, comme les Kayser.

Juifs, à vrai dire, je ne savais pas très bien ce que ça signifiait. La révélation devait m'en être délivrée dans les larmes quelques années plus tard, au moment de l'arrestation de monsieur Oppenheimer à Montauban. Pour l'instant, j'en étais à supposer qu'ils avaient un joli costume comme les Niçoises ou les Alsaciennes et que c'était certainement moins compliqué que d'être protestant car j'ai remarqué qu'on ne m'a jamais demandé, au lycée :

– T'es catholique ou juive?

D'ailleurs c'est leur droit d'être juifs! Les petits Prévost sont bien normands par leur père et sud-américains par leur mère.

En tout cas, en cette année 1936, personne n'avait autant de problèmes que moi.

Et personne n'en posait autant, je m'en rendais bien compte. Mes parents explosaient de travail et il paraît que j'en profitais pour ne rien faire en rentrant du lycée et pour ne faire que des bêtises le jeudi où j'étais « livrée à moi-même ». Livrée à moi-même, expression totalement grisante qui me donnait envie de partir sur les routes en gagnant ma vie au jour le jour pour pouvoir manger exclusivement des marrons glacés et des cornichons.

Pour occuper mes jeudis, on me fit entrer aux « Petites Ailes », un groupement scout protestant. Maman m'acheta un costume bleu marine très vilain, une gourde, un ceinturon et un béret qui me donnait l'air d'un Camelot du Roy et il fut déclaré que j'étais « parfaite ».

Le premier jeudi, papa me déposa lui-même en voiture au local des « Petites Ailes » et me dit avec bonne humeur :

– Au moins là, je suis sûr qu'on ne va pas te traiter de sale protestante!

Certes non, mais, en le voyant démarrer, la maman d'une petite fille qui l'avait reconnu s'écria :

– Sale rouge! Ça se permet de rouler en voiture!

Après ça il ne faut pas s'étonner si le jeu de Kim me parut sans attraits et, quand Louise vint me chercher, la même dame qui attendait ma petite camarade fit remarquer que c'était le monde à l'envers et que c'était une honte de voir que des gens de rien menaient grand train, roulaient carrosse et se faisaient servir et que, pour rien au monde, elle n'aurait voulu être bonne chez nous. Ce qui ne plut pas du tout à Louise qui répliqua à cette dame qu'aux vertus qu'on exige d'un domestique elle connaissait peu de grands seigneurs qui fussent dignes d'être valets. Enfin quelque chose dans ce genre et même de plus tapé parce que Louise, elle était tellement belle qu'elle exigeait qu'on la respecte. Ce qui fait qu'on est rentrées toutes les deux en pleurant et qu'un jeune homme très distingué s'est précipité en disant :

– Puis-je vous aider?

Et Louise a dit :

– Non! Non! Je vous en prie! comme si elle avait peur de quelque chose.

Je ne suis pas retournée aux « Petites Ailes ».

Papa est allé voir le pasteur et ça s'est plutôt mal passé. Il est rentré en disant que, puisque c'était comme ça, il allait me mettre aux « Faucons Rouges » où je ne verrais que des petits prolétaires qui me foutraient la paix. Maman a crié :

– Vous n'y pensez pas! Il faudra bien qu'elle donne son adresse! « Château de Versailles », aux Faucons Rouges! Elle sera en porte à faux!

A ce moment-là je me suis mise à sangloter car je me sentais comme le fils de l'Homme qui n'a pas une place sur la Terre où poser sa tête. Alors, encore une fois, l'Éternel a eu pitié de moi et il a dépêché un autre pasteur vers papa et celui-là était sage et il a dit qu'il fallait séparer le bon grain de l'ivraie et que, si j'allais aux Éclaireuses Unionistes de France, personne ne s'aviserait de me demander si j'étais rouge ou blanche, si j'avais une voiture, une bonne ou un valet de pied et qu'on ne me demanderait même pas si j'étais protestante, ce qui était le comble de la discrétion. On va m'acheter un autre costume, un tout petit peu moins laid, marron cette fois. En attendant, j'ai gardé la gourde et le ceinturon et j'ai donné le béret de Camelot du Roy à Minette qui l'adore et qui dort dedans.

Et maman a décidé qu'elle allait chercher une jeune fille qui viendrait chaque après-midi surveiller mes devoirs puisque, malheureusement, elle ne pouvait pas être à la maison quand je rentrais du lycée et que mémé ne venait nous voir que trop rarement.

Et puis elle m'a dit que, le jeudi suivant, j'étais invitée à goûter chez la fille de l'architecte qui habitait juste au-dessus de chez nous et qu'elle me conseillait de bien me tenir car cette petite fille était la mieux élevée de toutes les petites filles que j'avais connues à ce jour. Et la preuve arriva sous forme d'un billet écrit de la main de cette petite fille qui me conviait, sans faute d'orthographe, à venir jouer avec elle. « Jouer. » Quel merveilleux programme! Pourquoi les adultes ne continuent-ils point à se rendre les uns chez les autres en disant : « Je viens jouer »?

Quand je pense à nos rencontres, il me semble avoir été témoin d'un miracle...

Il y avait exactement cinquante-deux marches de pierre à grimper mais maman avait été formelle : il fallait m'accompagner. Louise montait avec moi, sonnait, s'assurait que Léonie me prenait en charge et disait :

– Je reviendrai à 6 h 30, mademoiselle Léonie.

– Bien, mademoiselle Louise, disait Léonie qui était à elle seule le début de l'enchantement.

Elle était très vieille et totalement sans jambes et sans bas de soie. Elle portait une coiffe à mi-chemin entre la femme de chambre et les Mémoires d'un âne et deux pieds minuscules sortaient de sa longue jupe noire. Mais surtout : elle était un tout petit peu plus petite que moi.

– Mademoiselle attend Mademoiselle, me disait-elle, et j'avais l'impression d'être la « Filleule des Abeilles », héroïne blondasse du roman historique que m'avait donné la grand-mère des petits Kayser et que papa avait failli m'arracher en plein milieu des Cent-Jours en disant que ce n'était pas ça qui m'ouvrirait l'esprit.

– Moins que *Le Crapouillot*, d'accord papa! avais-je failli dire imprudemment.

Mais c'était tellement joli ces dames d'honneur masquées de leur éventail qui murmuraient à des hommes éperdument amoureux d'elles : « Aimez-vous la violette? » « Elle refleurira au printemps! » répondaient-ils, et ça voulait dire qu'on était pour l'Empereur et qu'il allait revenir.

– Mademoiselle est là, Mademoiselle.

Mon Dieu, quelle charmante petite fille était ma voisine du dessus! Le contraire de moi, tiens! Comme l'appartement était le contraire du nôtre. Et pourtant, à un centimètre près, c'était le même. Comme, à un an près, nous avions le même âge.

Chez nous c'était vide, clair, nu et blanc. Chez eux c'était tapissé, capitonné, soyeux, plein de meubles, de tentures, de portières, de tableaux sinistres qui ne représentaient que des gens de leur famille à qui le peintre avait dû dire : « Ne souriez pas! » Et puis des crucifix comme si on en vendait.

Il faut croire que je fis bonne impression car Marie-Geneviève me réclama souvent.

Elle m'accueillait, les mains tendues vers moi, souriante :

– Ma chère petite amie, disait-elle, quelle joie de vous voir! Comment vous portez-vous?

La première fois, j'étais baba. Et puis j'y pris goût et

je m'y fis. Je répondais comme la reine Hortense l'eût certes fait :

– Fort bien et vous, ma bonne chère?

Marie-Geneviève me faisait asseoir en face d'elle et nous jouions à la dînette, à la poupée, à la marchande. Le spectacle aurait mérité un bout de pellicule pour les Archives du XXe siècle. Marie-Geneviève était une jolie petite fille blonde, de ce blond catholique qui n'existe sur aucune palette de coiffeur. Deux grandes nattes couleur d'épi de blé et de pain de campagne entouraient sa tête souriante. Un teint frais, des joues lisses, des yeux bleus pour regarder la Sainte Vierge bien en face. Elle avait les oreilles percées (mon rêve!), et deux petites larmes d'or y brillaient, elle avait une chaîne avec des médailles bénites, saintes, azurées. Elle avait au poignet une gourmette avec une sainte Thérèse de l'Enfant-Jésus que son parrain lui avait donnée.

Elle avait tout ce que je n'avais pas, que je n'aurais jamais!

Elle était invariablement vêtue de bleu marine avec un col blanc. L'hiver, elle portait des chaussettes bleu marine. L'été, des chaussettes blanches.

Moi? Oh! moi j'avais honte. Au pantalon près, maman m'habillait comme un petit gars. La frange, la nuque dégagée et toujours du rouge dans mes toilettes comme il y avait toujours du bleu dans celles de Marie-Geneviève.

En plein gouvernement Blum, elle me confia :

– Je suis vouée au bleu et à la Très Sainte Vierge.

J'en conclus que j'étais vouée au rouge et au Très Saint Front populaire.

– Le quatre heures de Mademoiselle est servi, disait Léonie comme l'horloge du château sonnait quatre coups.

Pour gagner la salle à manger scintillante d'argenterie de famille, nous traversions le salon où la maman de Marie-Geneviève brodait une aube ou un surplis avec des doigts de fée.

– Bonjour, ma petite enfant, me disait cette maman sans rouge à lèvres, si différente de la mienne. Comment vont vos chers parents?

« Elle ne se permet qu'un nuage de poudre », avait dit mémé un jour où elle m'avait accompagnée. Avec tous ces crucifix, j'aurais cru que cette visite déplairait à mémé. Pas du tout!

« Elle a gardé ses cheveux », avait-elle dit perfidement à maman qui avait le même coiffeur et la même coiffure que moi.

C'est par mémé que j'avais su que les doigts de cette dame étaient des doigts de fée. C'est par mémé que j'avais su que Léonie était de ces serviteurs qui sont dans la famille depuis toujours, qu'on n'en trouvait plus de comme ça, que c'était fini, parce que le moule est cassé.

Léonie nous servait un chocolat paradisiaque, forcément, dans des tasses de sèvres et coupait la brioche avec du vermeil.

– Ma bonne Léonie, tu t'es encore surpassée! disait Marie-Geneviève.

– Du moment que Mademoiselle est contente!

Je bavais d'admiration dans le sèvres.

– Mademoiselle!

La première fois qu'elles m'avaient vue, Louise et Rosalie m'avaient dit : « Mademoiselle. » Un éclat de rire de mes parents avait brisé dans l'œuf cette charmante initiative. Il était interdit de me dire Mademoiselle, interdit de me parler à la troisième personne, interdit de céder à mes caprices. Maman avait ajouté :

– Si on lui pressait le nez, à ma petite Riquette, il en sortirait encore du lait!

Ce qui m'avait épouvantée.

Heureusement, le soir, j'avais eu beau me presser le nez avec la fureur de l'angoisse, pas la moindre goutte de lait n'en était sortie, j'avais seulement réussi à me faire saigner comme un bœuf, ce qui m'avait valu une tape sur le derrière de la joyeuse main de Rosalie qui avait ajouté :

– Je ne fais qu'obéir aux ordres de Madame!

Ici, pas de danger, j'imaginais mal Léonie tapant sur le derrière de Marie-Geneviève qui ne devait d'ailleurs pas en avoir, bien élevée comme elle était.

J'ai rarement rencontré une petite fille aussi gaie que Marie-Geneviève. Même à cet âge-là cette intensité de gaieté me frappait. Peut-être était-ce parce qu'elle était sûre d'aller au Paradis? Avec toutes ces médailles, tous ces christs en croix qui nous regardaient jouer à la dînette avec des yeux pleins de larmes, avec ce prie-Dieu que son grand-oncle l'archevêque lui avait offert pour ses huit ans, elle ne risquait pas d'être dirigée vers les flammes de l'enfer comme moi qui étais vouée au rouge. Et pourtant, pendant l'époque ardente où les relations devinrent si difficiles entre gens qui ne pensaient pas de la même façon, pendant l'époque où je faillis en venir aux mains avec les filles de mon lycée, jamais une fausse note ne vint ternir l'harmonie de l'étrange symphonie que nous jouions, Marie-Geneviève et moi. Une seule fois, alors que Léonie venait prévenir qu'on m'attendait, la petite fille se tourna vers moi, rougissante, et me dit :

– Je prie pour vous!

Je trouvai cette attention si gentille que j'en fis la confidence à la seule personne pour qui la prière existait dans la famille. Mémé. Mais ça ne lui fit pas plaisir. Du tout. Elle devint écarlate et explosa :

– Je n'admets pas qu'on prie pour moi! Je suis capable de le faire moi-même!

J'eus beau lui expliquer que Marie-Geneviève ne priait nullement pour ma mémé mais pour moi, Riquette, rien ne put la calmer. J'eus même peur, un instant, qu'elle n'allât jusqu'à dénoncer à ma mère ces pratiques de sorcellerie. Elle l'aurait sûrement fait, mais, hélas, il n'en fut rien : Daladier partit pour Munich et le monde entier oublia les prières de la petite fille vouée au bleu.

Mais nous n'en étions pas encore à Munich.

Nous en étions aux premières mesures de la symphonie versaillaise et j'aimais cette musique.

A six heures et demie, Louise venait me chercher et je redescendais les cinquante-deux marches. Je retrouvais l'immense maison vide... Je pensais à la maman de Marie-Geneviève qui brodait pour le bon Dieu...

« J'ai rêvé d'une fleur qui ne mourrait jamais!

« J'ai rêvé d'un amour qui durerait toujours! » chantaient Louise et Rosalie.

Alors j'allais dans le couloir, je m'asseyais par terre, Minette me rejoignait, elle s'installait sur mes genoux et, toutes les deux, nous attendions le retour de maman.

Ma maman à moi, elle, ne brodait pas, elle ne tirait pas l'aiguille, elle ne s'installait pas au piano, elle ne taquinait pas le pinceau, ma maman à moi travaillait comme un ouvrier. C'était mémé qui me l'avait dit et elle n'en était pas peu fière. Seulement, ma maman à moi, elle, travaillait avec sa tête, c'était toute la différence. Et il paraît que ça faisait plaisir aux ouvriers qu'elle travaille avec sa tête. Parce que, si on remontait dans notre arbre, on n'y trouvait pas des nobles et des riches mais des paysans. Dans notre arbre on n'avait pas d'armoiries comme la petite duchesse de Bourgogne en avait au coin de son portrait de cour. Mais on avait un pot de fileuse. Il était en belle faïence vernissée d'Anduze, comme les vases d'orangers du Roy. Il avait appartenu à Pauline Mazauric. Elle l'emportait, le matin, à l'usine et le mettait à tiédir dans les cendres comme le faisaient ses compagnes. Quelques châtaignes. Parfois des pois chiches. C'était la fin du Second Empire, la guerre de 70, l'Année terrible... Je tremblais en écoutant ces noms.

A travers les récits de mémé je sentais l'odeur douceâtre des vers à soie qui était devenue la propre odeur de l'usine de Valleraugue, au bord de l'Hérault, la Fabrique. Je croyais entendre le bruit d'acier, implacable, des mâchoires de ces bêtes molles, insatiables, dévorant la feuille du mûrier de Chine dans une chaleur humide et malsaine. Je devinais ces petits matins sombres où il fallait affronter l'hiver montagnard. La journée était longue, le pot petit, la paye légère. Pauline, la fileuse, était la grand-mère de maman. Elle avait épousé Jean, le « tailleur d'habits » du village qui tirait l'aiguille au fond de son échoppe, assis en lotus comme dans un conte arabe. Ils étaient pauvres comme s'ils avaient inventé la pauvreté. Mais, comme ils avaient également inventé le courage et qu'ils étaient « un vivant exemple », dit mémé, leur fils était devenu instituteur. Vive la République! Mieux que ça : quand mémé l'a rencontré, il n'était plus instituteur mais conservateur des Musées d'archéologie de Nîmes. Un Monsieur. Il avait appris le latin tout seul. Et il jouait du violon... Tout le monde le respectait. Il écrivait des livres. Il descendait dans des gouffres inexplorés. Il en remontait avec des cailloux préhistoriques et il recevait des médailles. « Au Mérite la Patrie reconnaissante. » Oh! oui, vive la République! Les grand-mères n'ont pas travaillé en vain. Mais comme leur vie a été dure! Papa se souvient de l'année 1905 où il a vu manifester les fileuses dans Alès. D'accord, il était petit, mais moi aussi j'étais petite au moment du 6 février, ça ne m'empêche pas de me souvenir de tout. Les fileuses avaient mis leurs habits du dimanche, ôté leurs tabliers et bien coiffé leurs cheveux. Sur l'air de *L'Internationale* (qui est du reste une musique française, je le sais), elles chantaient :

« Cinq centimes par heure, ce n'est pas suffisant!

« Qui donc paie les fileuses, c'est le gouvernement! »

Pauvres grand-mères!

Quand on disait « les grand-mères », il me semblait voir se lever une armée. Je devinais une petite fille réfugiée au creux des jupes de chaque aïeule et je sentais que nous étions toutes rattachées au même passé, comme si les femmes se transmettaient un fil invisible à travers le Temps. Mémé m'avait dit que les grand-mères remontaient jusqu'à la Bible!

Quelle chance d'être en République et de pouvoir faire ce qu'on veut dans la vie..., mais il paraît que c'est très difficile, pour les enfants d'intellectuels, de devenir ouvriers, ce qui m'a fait penser que, bientôt, on va tous êtres des intellectuels par la force des choses et que ça risque d'être un peu monotone.

Papa aussi, il a travaillé dur. Mémé aimait beaucoup son gendre. Elle l'admirait. Mais elle n'oubliait jamais que c'était un homme. Que ce n'était qu'un homme. Tandis que nous, ON ÉTAIT DES FEMMES. C'est à cette époque-là qu'elle me donna la savonnette féministe et qu'elle me dit :

– Quand tu te laves les mains, regarde!

Je regardai, et je lus :

« LA FEMME DOIT VOTER. »

Et je sus que cela était bon.

Et mémé m'expliqua que les femmes étaient formidables, à commencer par elle, bien sûr. Quant à Lélette ma mère, je ne pouvais pas avoir de meilleur exemple sous les yeux. Elle prenait le train pour Paris le matin, maman. Elle travaillait toute la journée au Musée du Louvre, elle y lisait le vieil françois et le latin de haute et basse cuisine comme le journal. (Elle lisait d'ailleurs TOUS les journaux en allant à Paris, de *L'Huma* à *L'Action française* sans oublier *Le Canard,* bien sûr, et elle prenait des notes.) Elle courait en sortant du Louvre dans les galeries de peinture pour parler des tableaux dans des articles, elle tapait ensuite à la machine les romans de papa en lui faisant ces remarques judicieuses que seule une femme peut faire. Et, avec tout ça, elle était jolie comme un cœur. Il fallait que je fasse un effort.

– Quel effort, mémé?

Eh bien, c'était simple : tous les efforts. Il fallait être sage, travailleuse, gaie, sérieuse, propre, ordonnée, intelligente, appliquée, gentille, studieuse, polie, franche, obéissante et gracieuse.

Au fond, il fallait être comme Marie-Geneviève pour faire plaisir aux ouvriers, aux intellectuels, aux grand-mères et, par voie de conséquence, à la République. J'étais très loin de cette perfection et mon carnet le prouva de façon éclatante avec une déshonorante absence du tableau d'honneur, un zéro en couture (ce dont tout le monde se fichait à la maison, mais quand même!), des appréciations qui s'accordaient à me trouver : rêveuse, distraite et étourdie, et un autre zéro, en orthographe cette fois, et, qui plus est, dans une dictée extraite d'un monsieur que je connaissais, monsieur André Gide.

C'est pour ça que je fus confiée à une personne qui avait été chaudement recommandée à mes parents, probablement par Astharoth ou Belzébuth, et qui entra dans notre vie avec un sourire mielleux qui aurait dû nous alerter mais, malheureusement, le zéro en orthographe nous avait mis à tous des écailles sur les yeux et tout le monde la trouva « bien convenable ».

L'avenir devait me prouver qu'elle était tout sauf convenable mais elle cachait bien son jeu.

D'abord on avait parlé d'une jeune fille et c'était visiblement une demoiselle. Nuance. Ensuite elle était frisottée, chapeautée et chaussée comme dans un film de Charlot. Elle avait des bésicles cerclées d'or, un manteau de petit-gris et un maintien modeste qui la fit déclarer « de tout repos » par les experts. Patience!

Ils s'asseyaient par terre sur la moquette du grand salon et ils chantaient :

« La liberté c'est toute l'existence!... »

C'était rassurant de les voir assis sur le sol, à mon niveau, de les entendre chanter, de pouvoir chanter avec eux. Mais je savais que notre camaraderie n'allait pas plus loin.

Ils étaient tellement intelligents!

Certains se vantaient d'être incapables de prendre le train tout seuls, de conduire une voiture, de faire cuire un œuf. Ça voulait dire qu'ils étaient encore plus intelligents que les autres.

Ils étaient tous des intellectuels de gauche.

Et les intellectuels de gauche, j'avais compris que ça venait tout juste après les ouvriers. Les intellectuels de gauche étaient faits pour que les ouvriers soient contents. Et, quand les ouvriers étaient contents, les intellectuels l'étaient aussi et c'était comme ça qu'on faisait chanter les lendemains. Mais les écrivains, c'était quand même eux que je préférais. J'étais contente pour eux parce que ça se précisait pour *Vendredi*. Papa avait trouvé des sous honnêtes, un administrateur honnête, des camarades honnêtes. Avec monsieur Jean Guéhenno et madame Andrée Viollis, il allait être directeur de journal. C'est-à-dire qu'il allait être encore plus fatigué, encore plus fauché, encore plus attaqué par les gens qui étaient ses ennemis et dont je connaissais maintenant le nom : c'était les gens de droite.

– Il est de droite, ton père, ou de gauche?

Et nous nous assenions des formules faites à la maison avec une bonne foi sans limites car chaque enfant, à moins qu'il ne soit totalement orphelin – je devrais dire « purement orphelin », au sens minéral –, chaque enfant est nourri des traditions, des croyances et des vendettas de sa famille. Alors on est un petit rouge, un petit fasciste, un petit révolutionnaire, un petit ci-devant, une petite Capulet, un petit Montaigu... Nous étions avant tout des petites sottes.

– Moi, mon papa, il gagne suffisamment de sous pour que ma maman elle reste à la maison!

– Moi, ma maman, c'est parce qu'elle est trop intelligente qu'elle reste pas à la maison!

– Moi, ma maman, elle ne me confierait pas à des mains mercenaires!

– Moi, je sais que les rouges vivent comme des cochons!

Des cochons! J'aurais voulu voir la tête qu'elles auraient faite si elles étaient entrées dans ma porcherie le jour où Ilya et Liouba Ehrenbourg étaient venus partager notre pâtée! J'étais là, je m'en souviens très bien, c'est la première fois où j'ai été admise à la table des grandes personnes. Exception faite pour le déjeuner avec le président Daladier mais, pour le président, je dois avouer que j'avais un peu forcé la main du destin.

Tandis que le déjeuner Ehrenbourg, je suis vraiment invitée. Parce que c'est un très grand écrivain soviétique, c'est-à-dire absolument rouge, et que je dois me souvenir de cette rencontre parce que, plus tard, devenue vieille, quand j'aurai dans les trente ans, quarante ans, très vieille, je pourrai dire : « Étant enfant, j'ai déjeuné avec le camarade Ilya Grigorievitch. » Mais j'ai intérêt à me tenir comme il faut parce que, si je ne suis pas modeste, gracieuse et réservée, le camarade va croire que toutes les petites filles françaises se tiennent comme des cochons (!) et ça fera très mauvais effet dans les livres qu'il publiera en rentrant dans son pays. Qui est à la fois la Russie et l'Union des républiques socialistes soviétiques. Et ce sont des gens très bien élevés.

C'est vrai. Liouba ressemble à ces deux dames qui faisaient des chapeaux si jolis à maman quand nous habitions Paris. Elle est longue et blanche. Bien plus blanche que les dames, même. On voit tout de suite qu'elle est russe à la façon dont elle dit : « Chérrrrie... » Louise a mis un petit tablier d'organdi brodé avec un diadème assorti et elle présente mon porto aux invités. Moi je présente des allumettes aux anchois et, chaque fois que je me trouve devant nos camarades, je fais une gracieuse révérence, *der Kniks* ça s'appelle, histoire d'attirer l'attention sur moi. Ça marche. « Ballerrrrine? » demande Liouba. J'ouvre la bouche pour raconter ma vie mais maman me fait signe de ne pas insister. A table je me suis admirablement tenue et je n'ai pas dit un mot. J'ai longtemps laissé mes mains dans le rince-doigts parfumé d'une feuille de menthe...

Des cochons! elles sont folles! est-ce que les cochons se rincent les doigts?

– Moi, ma maman...!

– Moi, mon papa...!

Les petites sottes se montraient les dents mais selon un rituel prudent. Pas question d'attirer l'attention de nos maîtresses qui eussent probablement mis fin à nos escarmouches.

Et c'est justement en pleine période d'escarmouches que le baron demanda un rendez-vous à mon père.

Le baron avait insisté et précisé que c'était personnel et urgent. De ce genre de précision qui annonce les ennuis.

Papa l'avait reçu, protocolairement, dans son bureau de la Conservation qui donnait sur la Cour d'Honneur. Grand genre.

– Baron Charles de Lagarde-Freinet, avait annoncé le visiteur. Vous vous demandez sans doute, monsieur, ce qui peut amener dans votre bureau un homme qui, de par la naissance, la religion et la tradition, se situe à l'opposé de tout ce que vous représentez?

Papa avait acquiescé, intrigué.

– C'est un père qui vient vous voir, monsieur. Et s'il

n'était pas question de nos enfants, croyez bien que je n'aurais point sollicité ce rendez-vous.

« Nous y sommes, se dit papa. Il doit avoir une fille au lycée! Je vois ça d'ici, elles ont encore joué au camisard et au Croix de Feu! »

– Mademoiselle votre fille est un véritable danger public, dit le baron en se permettant un semblant de sourire sous sa fine moustache.

« Mais qu'est-ce qu'elle a encore fait? se demandait papa, inquiet. Elle a dû se battre! C'est ça : elle a dû assommer une petite! »

– Vous me direz qu'elle est encore bien jeune, je vous l'accorde. Mais vous reconnaîtrez avec moi qu'elle sait déjà fort bien ce qu'elle veut.

Oh! la la!...

– Et puis, comment résister au prestige de son éclatante beauté!

???!!!...

– Aussi ai-je l'honneur, monsieur, de vous demander la main de mademoiselle votre fille pour mon fils Thibaud, dit le baron en se levant.

L'Incorruptible ne parut pas mesurer la portée prestigieuse de cette proposition inespérée... Il regardait le baron comme si son offre d'alliance l'avait plongé dans une fontaine pétrifiante. Puis il répéta lentement :

– La main de ma fille...

– J'ai cet honneur, répéta le baron qui était resté debout.

– Mais elle a huit ans, dit papa, accablé.

– Je vous parle de la grande, précisa le baron qui devait commencer à le trouver un peu simplet.

Surtout quand papa, la voix altérée, lui eut demandé :

– Auriez-vous l'extrême obligeance, monsieur, de me rappeler le nom de ma fille?

– Louise! s'écria l'aristocrate, agacé.

– Funérailles! dit papa avec sympathie. Mon pauvre ami, vous êtes drôlement embarqué!

Louise aussi était drôlement embarquée! Elle pleurait sans arrêt. Elle disait : « Pardon! Pardon! j'ai menti! » Elle avait le visage tout gonflé. Pas seulement le visage d'ailleurs et c'est ce qui la sauva. Comme elle vivait dans un temps où la pilule n'existait pas, elle était dans une situation intéressante. Les Lagarde-Freinet étaient gens d'honneur. De la situation intéressante à la situation dans le monde il n'y avait qu'un pas. Elle le franchit en blanc mais dans l'intimité, et personne ne fut invité au mariage. Rosalie et moi, nous en eûmes beaucoup de chagrin. Rosalie ne fut plus jamais comme avant.

– Baronne! disait-elle. Si j'étais mauvaise, j'aurais pu sortir tous les noms des gradés avec qui elle fréquentait, toutes les javas qu'on a faites ensemble! Faut-il qu'ils soient bêtes, ces nobles!

C'est à cette occasion que se manifesta pour la première fois l'esprit évangélique de mademoiselle Tabourin, ma répétitrice.

Nos séances de travail étaient précédées et suivies de stations à la cuisine où elle passait Rosalie à la question. Et Rosalie qui se sentait très seule depuis que sa camarade de travail avait été anoblie, la pauvre Rosalie ouvrait son cœur et racontait tout ce que mademoiselle Tabourin voulait, et les javas, et les gradés, et la noce et la vie, et mademoiselle Tabourin, la moustache frémissante, venait de plus en plus tôt et partait de plus en plus tard tout en s'occupant de moi le moins possible.

Pour que la honte du zéro en orthographe ne se reproduise pas, maman avait fait un petit choix de dictées. Elles étaient toutes prélevées sur des œuvres d'auteurs que je connaissais et qui fréquentaient la maison. C'est ce qu'on appelle une éducation vivante et amusante.

La tête de mademoiselle Tabourin quand elle commença à lire!

« Des agents arrivèrent brusquement. Ils marchèrent en tête, écartant les curieux...

« – Place...

« Des cris s'élevèrent :

« – A bas la police...

« Et tout d'un coup les camarades se mirent à chanter : “ C'est la lutte... finale... ” »

Elle abandonna vite Guilloux pour *Plaisir des sports* de Jean Prévost et je fis neuf fautes dans :

« ... les promesses d'une tache de soleil étalée devant lui... »

Je m'écrasais dans les « poissons à fourrure » du *Temps du mépris* de Malraux, quant à *Si le grain ne meurt*, je ne révélerai jamais, même sous la torture, comment j'écrivis :

« Je naquis le 22 novembre 1869. »

A vrai dire, je n'osais pas l'avouer mais la littérature de nos familiers ne me transportait pas d'enthousiasme. Je suis sûre que j'aurais fait moins de fautes dans *La Filleule des Abeilles.* Comble de malchance et de honte, c'est dans la prose de papa que j'en faisais le plus alors que j'aurais dû avoir son encre dans le sang.

« Je suis français depuis que la France s'est faite, je suis lié à ce sol par les cimetières et les sillons... »

Comment écrivait-on : cimetière? Cimmetière! Cimettière! J'allais trouver quand mademoiselle Tabourin fit entendre un petit grincement qui devait être un rire et laissa tomber :

– Ça finira mal, tout ça!

Eh oui, je savais bien que ça finirait mal, mais ce n'était pas à mon orthographe qu'elle faisait allusion. Elle parlait de mes parents et de leurs amis et, un sourire éclairant son visage ingrat, elle me certifia que tout ce beau monde allait se retrouver en prison le jour où les honnêtes gens se réveilleraient. Je lui dis paisiblement qu'ils étaient déjà tous allés en prison, que je le savais depuis longtemps et cela n'alla pas sans la surprendre ni lui faire plaisir. Plaisir qui fut vite dissipé quand elle comprit de quelle prison il s'agissait car elle avait grandi dans une caserne et n'ignorait rien des pratiques de notre armée. Non, la prison qui les attendait, c'était la vraie prison. Ferme, sans sursis et avec casier, précisa-t-elle.

– Mais pourquoi? demandai-je faiblement.

Pourquoi? Enfin, j'avais bien dû comprendre ce qui se passait? J'avais bien dû deviner ce qu'on disait d'eux dans Versailles qui avait toujours été une ville qui pense bien? On n'aimait pas les bolcheviks, ici!

En prison! Mes parents! Leurs amis! Les dictées! En prison! Accablée, incapable de réagir, je regardais mademoiselle Tabourin avec un air si lamentable qu'elle se demanda si elle n'était pas allée un peu loin. Elle effleura ma joue d'une main molle et me proposa une petite diversion d'une voix enjouée.

– Il y a de très beaux livres d'art dans la bibliothèque. Nous allons regarder quelques primitifs flamands!

En prison! Vous pensez comme je m'en fichais des descentes de croix, des Vierges de majesté, des donateurs et des archanges aux ailes polychromes. En prison!

– Quel superbe brocart! s'extasiait mademoiselle Tabourin. Et le petit Jésus, comme il est joli, le petit

Jésus, regardez-le! Et sa maman, la Sainte Vierge, comme elle est belle! Elle lui donne le sein, c'est pour ça qu'elle a la poitrine découverte, une bien belle poitrine, n'est-ce pas!

Alors vraiment, si quelque chose m'était indifférent, à la veille de la prison, c'était bien la poitrine de la Sainte Vierge! Elle aurait pu l'avoir aux genoux, c'est pas ça qui aurait sauvé mon père!

– Et pourtant, continuait mademoiselle Tabourin, toute belle qu'elle soit, j'en connais une encore plus belle!

C'est là que sous mes yeux, qui faillirent, de saisissement, tomber sur la dictée inachevée, mademoiselle Tabourin ouvrit son corsage et dégagea deux seins blancs et ronds qui étaient, je dois le dire, ce qu'elle avait de mieux dans la physionomie.

– Vous pouvez toucher, ajouta-t-elle avec un sourire engageant.

Et, comme je ne me précipitais pas à la charge, elle prit ma main et la posa sur une surface à la consistance de loukoum sur laquelle je ne m'attardai pas.

– Mes parents n'iront pas en prison, dis-je sur un ton qui n'admettait pas la contradiction.

– Nous verrons bien! siffla mademoiselle Tabourin en reboutonnant son corsage.

Hélas, le débat fut interrompu par un cri déchirant de Rosalie : Minette était morte.

C'était donc ça, la mort? Ce silence, cette immobilité d'un petit être qui avait été une partie de ma vie? Ce regard fixe et sans fond (je devrais peut-être lui fermer les yeux?). Mais j'ai peur, Minette, j'ai peur de ce que tu es devenue, j'ai peur de tomber dans le vide de tes prunelles éteintes. Je n'ose pas te toucher... Rosalie dit :

– Elle est encore tiède, et cela me fait frissonner parce que je comprends. C'est fini. On ne jouera plus jamais ensemble, il n'y aura plus de papier au bout d'un ruban, il n'y aura plus de câlins et de ronrons dans mon lit du dimanche matin, il n'y aura plus de mariage avec des Russes bleus, plus de petits dans la corbeille, plus de vol d'hirondelles dans l'écran de la fenêtre au printemps.

Je pleure pour mes premiers adieux.

– Ce n'est qu'un chat! dit mademoiselle Tabourin qui est décidément dans son jour de chance.

Ce n'est pas qu'un chat, c'est un chat.

C'est Le Chat.

Maman et moi, nous avons enterré Minette dans le bout de jardin privé que possèdent tous les locataires du château. Minette a eu un cercueil de la marquise de Sévigné et elle repose sur mon béret de Camelot du Roy qu'elle a tant aimé.

J'avais beaucoup pleuré et maman avait été très gentille et m'avait dit qu'il ne fallait pas être triste parce que Minette retournait au grand Tout et que, chaque fois que je cueillerais une fleur, il y aurait un peu du souvenir de Minette dans cette fleur. J'avais trouvé ça si beau que j'avais sangloté et maman, ne sachant pas comment me consoler, m'avait dit :

– Allez, bon, d'accord, tu iras au cours de danse du lycée!

Ce qui n'avait aucun rapport mais qui avait séché mes larmes aussitôt, non parce que j'oubliais Minette, bien au contraire : je venais d'avoir la preuve éclatante de son immortalité. Au-delà de la mort elle m'envoyait ce que je souhaitais le plus ardemment depuis notre départ de Paris. Recommencer à danser. Bien souvent, je m'étais confiée à son oreille triangulaire. Elle ne l'avait pas oublié.

En rentrant de l'enterrement, maman m'a proposé une longue promenade dans le parc. Elle le connaissait comme si Le Nôtre avait été son grand-père. Nous sommes passées entre les arbres séculaires, les plus vieux de Versailles, qui furent plantés par Marie-Antoinette et Louis XVI, puis, au lieu de monter par les Cent Marches, nous avons pris l'allée latérale, celle où il y a la Porte.

La plus grande porte que je connaisse. Toujours fermée. Je sais pourquoi. Elle garde le Passé. Il ne faut pas qu'il s'échappe.

J'ai appris avec amusement que Louis XIV avait commandé les vases des orangers à Anduze, là où maman est née. Ce qui fait que le Roy a des vases camisards!

Quel monde que ce Versailles! A chaque pas, en montant cette allée, le Palais surgissait du sol et s'étalait, immense. Ah! ça ne s'était pas fait en un jour! Une chose me plaisait bien : Louis XIV, toute sa vie, il avait vécu dans les plâtres, les échafaudages, le bruit des marteaux, et nous, bien tranquilles, on n'avait même plus les odeurs de peinture. A propos d'odeurs, quand j'ai appris qu'il n'y avait pas de cabinets à Versailles! Et que, plus on était chic, plus on se faisait purger souvent et en public! Vraiment il y avait quelque chose qui n'allait pas dans la Monarchie. Et les nobles se battaient pour venir à Versailles faire leurs besoins derrière les bosquets et s'enrhumer sous de hauts plafonds sans chauffage où les dames portaient des décolletés plongeants comme leurs révérences. Comme nous avions de la chance de vivre à notre époque! C'est comme les dieux et les déesses! Je ne voudrais pas être à leur place! Maman m'a tout raconté. Latone, c'était affreux ce serpent qui lui volait ses enfants! Et Laocoon! Des nids de cauchemars. Par contre, le Point du Jour, c'est une statue réconfortante. Comme cette allée pleine de petits garçons... L'allée des Marmousets. Il paraît que ce fut longtemps la promenade préférée du Roy. Ils sont si jolis, je le comprends. Mais maman me dit que, vers la fin de sa vie, quand il eut perdu tous ses fils et petits-fils, il n'eut plus le courage d'aller se promener au milieu de tous ces sourires et de toutes ces fossettes. Il était trop triste.

Je me suis arrêtée au milieu de l'allée des Marmousets, pour la première fois de ma vie je venais d'éprouver de l'amitié pour Louis XIV qui m'avait fait tant de mal. J'imaginais le vieux Roy passant sans les voir au milieu d'une foule de courtisans aplatis sur le sol, au milieu d'une foule de dieux et de déesses versant des larmes de pierre du haut de leurs piédestals, il passait, le vieux Roy, et s'arrêtait au bord d'une allée qui lui rappelait trop de petits cercueils et d'espoirs enfuis... Je pouvais comprendre et, ça aussi, c'était un cadeau de Minette.

Je fais des pointes.

Je serai danseuse, c'est décidé.

Il ne faut pas que je le dise parce que je sens que ma famille a d'autres projets pour moi. Des projets intellectuels. Heureusement, j'ai comme une intuition que je ne suis pas douée pour être une intellectuelle. Et, comme la République préfère que je ne sois pas un ouvrier, je serai danseuse.

Ma vie a changé quand j'ai rencontré Darling.

Darling, c'est notre professeur de danse, nous l'avons baptisée ainsi d'un commun accord et je crois qu'elle aime bien. Darling est divine et personne ne se dispute avec personne à son cours : quand on danse, on est au-dessus de la politique et de la religion. Elle nous a prévenues. D'ailleurs, elle nous parle toujours avant les exercices, elle dit que c'est très important de savoir ce qu'on fait, elle dit :

– Ma chance, petites, c'est que personne n'est obligé de venir à mon cours. C'est un choix. Je dois vous apprendre l'en-dehors et les cinq positions fondamentales. Ça fait mal, je vous préviens, et ça fera toujours mal. Il y aura des larmes, des courbatures et du sang dans les chaussons, aussi je ne retiens personne, qui m'aime me suive, piano, mademoiselle, s'il vous plaît!

On se ferait tuer pour elle! Je suis heureuse, heureuse! Mais il ne faut pas trop le montrer. Mémé a connu, à Nîmes, une dame Zambelli qui a ruiné tous les fils de famille d'une génération parce qu'elle dansait tellement bien qu'ils lui donnaient tous de l'argent. Sans vouloir ruiner personne, je serais très contente qu'on me donne un peu d'argent...

C'est terrible de ne pas pouvoir se confier!

Si je me confiais à Marie-Geneviève? Elle a été si gentille au moment de la mort de Minette. Elle m'a dit :

– Je vous présente mes très vives condoléances. Je sais ce que c'est, nous avons perdu un brave toutou à la campagne, chez bonne-maman.

En la voyant sur son prie-Dieu, avec ses yeux bleus, ses médailles, son col immaculé, brusquement j'ai failli tout lui lâcher. Tout. Mais alors tout. Que papa avait fait de la prison et qu'il allait sans doute en refaire. Que j'avais vu la poitrine de la Sainte Vierge et celle de mademoiselle Tabourin. Que le fils du baron avait engrossé Louise. Que j'étais moi-même fiancée mais que mon mariage serait probablement rompu car je serai danseuse étoile et il paraît que ces femmes-là ne se marient pas...

Mais je n'ai rien dit.

Parce que j'avais goûté à l'arbre de connaissance et que je sentais que, si je proférais de telles énormités dans ce douillet reposoir, je serais chassée du Paradis.

Silence.

Je danse.

On a gagné!

Pelouses fraîches autour du manoir de la Perrelle. Chiens de chasse à douces oreilles. Chant des oiseaux. D'un côté la campagne, de l'autre une forêt de rhododendrons géants qui descend vers la vallée d'où monte un bruit de cloches.

Les cloches de Corneville, très exactement.

C'est mon premier « week-end ». On m'a donné la chambre toile de Jouy, le beurre est celui de la ferme et il y a de la crème et du pain chaud comme dans *Les Malheurs de Sophie.*

Je découvre le charme de la Normandie où il n'y a jamais un jour qui n'ait son rayon de soleil, si mince soit-il, comme une signature au bas d'un chef-d'œuvre.

Sur la pelouse, on débouche du cidre. Intrigué par la mousse, un chiot essaie de boire, éternue, crache, s'ébroue. Tout le monde rit.

Même monsieur Lohner que je trouve très intimidant.

Monsieur Lohner, c'est l'administrateur de *Vendredi*.

Parce que c'est vrai : on a gagné!

Vendredi paraît depuis le 8 novembre 1935, le Front populaire est au pouvoir depuis le 3 mai 1936 et monsieur et madame Lohner nous ont invités dans leur manoir pour fêter la victoire de la gauche.

Paradoxal?

Pour qui n'a pas connu Émile Lohner, certainement.

Comment le décrire?

Comment décrire cet ancien administrateur du *Temps* qui mit de l'argent, beaucoup d'argent, dans l'entreprise *Vendredi*? Comment décrire cet homme qui « poussa le scrupule jusqu'à rédiger sur papier timbré un acte garantissant, quoi qu'il arrive, l'indépendance de *Vendredi* [1] »? Comment décrire cet incorruptible qui joua le jeu jusqu'au bout et qui perdit dans l'aventure, mon Dieu, tout? Y compris la Perrelle, sa forêt de rhododendrons, sa musique de cloches portée par le vent de la mer... Je le revois, élégant et sévère, sur la pelouse, au milieu de ses chiens, sur fond de manoir, image classique du grand bourgeois. Il ne sortait pas du peuple, il n'appartenait à aucun parti, il n'obéissait à aucune idéologie... Alors, à quoi obéissait-il?

A un sentiment très rare qui s'appelle la générosité.

1. Lucie Mazauric, *Vive le Front populaire!*, Plon.

VIVE LE FRONT POPULAIRE!

Alors j'ai rencontré des écrivains heureux.

Des écrivains amis. Des écrivains camarades.

Ils étaient radieux, ils se tenaient la main, ils chantaient. Ils étaient jeunes.

Un jour, j'ai eu, à mon tour, l'âge qu'ils avaient en 1936. Puis je me suis éloignée sur le vaisseau du temps comme sur ces embarcations rapides qui vous arrachent au rivage sans autre trace qu'un sillage fugitif. Et je me suis mise à vieillir, comme tout le monde, mais eux, les écrivains heureux de mon enfance, restent éternellement jeunes dans ma mémoire, jeunes comme tous ceux qui crurent à une généreuse idée. Je pense souvent à eux, j'entends leurs voix passionnées, leurs rires, leurs chants. Je n'ose plus faire l'appel des noms... Si je les cherche dans le dictionnaire, je vais trouver les deux dates qui cernent leur passage sur la terre, je préfère remonter le temps, retrouver mes décabristes des dimanches versaillais tels qu'ils étaient en ces jours de joie et de victoire, en ces jours de fraternité où je les vis pleurer parce qu'ils avaient rencontré des ouvriers qui défilaient en portant une pancarte : « Aimez-vous les uns les autres. »

Mais, le 3 mai 1936, je n'avais pas encore neuf ans et,

comme tous les enfants de tous les Français, de tous les partis, qu'ai-je fait?

Mademoiselle Tabourin en était verte. Elle ne pouvait plus voir mes buvards. Je faisais exprès de faire des Léon Blum partout, avec d'autant plus de perfidie que j'avais trouvé qu'elle lui ressemblait! Et je devais avouer que ce physique, passable pour un homme politique, était une vraie malédiction pour une demoiselle.

Et puis papa n'était pas en prison!

De joie, je faisais des pointes en levant le poing. Pas chez Darling car elle ne plaisante jamais avec la danse.

Je danse pour oublier le calcul, la couture, l'orthographe.

Je danse en chantant *L'Internationale* (pas facile!), *La Varsovienne,* je danse sur la musique des disques de *L'Opéra de quat'sous* que je n'ai pas le droit de toucher mais que voulez-vous il faut bien que jeunesse se passe, je danse sur les airs gaéliques qu'un écrivain celte a envoyés à papa, je danse sur un disque publicitaire de Dunlop : « Oh! miss! Oh! miss! v'nez donc faire un tennis! et si je suis vainqueur je gagne votre cœur! », je danse, je danse, je danse.

Parfois, mademoiselle Tabourin, mielleuse, me dit :

– Nous allons faire une petite pause et regarder un des beaux livres d'art de la bibliothèque de votre papa!

Ouais, je la vois venir avec sa poitrine de madone, mais jusqu'ici j'ai été plus vive qu'elle :

– Oh! oui, mademoiselle, merci beaucoup!

Et je cours lui chercher un ouvrage sur : *Les Tessons de bouteille dans la Rome antique* ou bien : *Travail du cuir et du bois dans les civilisations nordiques,* comme ça je suis tranquille pour les risques de comparaison.

Enfin, mademoiselle Tabourin, c'est réglé pour cette année. Demain, 14 juillet 1936, on va au défilé à la Bastille, ensuite on s'embarque dans Modestine pour descendre dans les Cévennes rejoindre mémé et inaugurer une auberge de la jeunesse. Puis papa et maman vont partir loin, loin : en U.R.S.S.!

– Hum! a dit mademoiselle Tabourin quand je le lui ai annoncé.

Mais, quand maman lui a donné ses sous et un très joli foulard en soie bleu pâle, elle lui a dit :

– J'ai appris que vous alliez faire un beau voyage, Madame!

Ce qui fait que maman la trouve « bien sympathique cette pauvre Tabourin, dommage qu'elle ressemble tellement à Léon Blum! » et je me suis demandé ce qui se passerait si je dénonçais mademoiselle Tabourin.

Dénoncer. Dire :

– Maman, tu sais, elle n'est pas du tout gentille, elle dit que tout le monde vous déteste, que papa ira en prison et, au milieu d'une dictée, tu sais ce qu'elle fait? Eh bien, elle sort ses nénés!

Rien que d'y penser, j'ai honte! Et puis, qu'est-ce que je prendrais!

– Elle sort QUOI? Et c'est maintenant que tu le dis?

Quelle horreur! J'aime mieux faire confiance aux vacances, peut-être qu'elles vont rendre mademoiselle

Tabourin heureuse? Peut-être qu'elle va se marier? Mais je n'ai pas beaucoup d'espoir.

Le 14 juillet 1936 fut pour moi à la fois le jour le plus long et la nuit la plus longue.

J'ai été très déçue par la Bastille.

Il n'y en a pas.

Il paraît qu'on voit encore la place qu'elle occupait sur le sol, comme un meuble qui laisse des traces sur un tapis, mais, pour voir les marques, il aurait fallu faire évacuer les manifestants. On a commencé à marcher, à chanter, à crier, à saluer de nos poings tendus les gens qui nous regardaient passer. J'avais beaucoup de succès parce que j'étais vraiment la plus jeune. J'aurais bien aimé aller en avant du groupe de *Vendredi* comme la chèvre de la Légion étrangère et danser un peu pour les camarades, mais je n'en ai même pas fait la proposition. Je me doutais de la réponse. On m'avait dit que je n'allais au défilé que parce que nous devions partir tout de suite après sans repasser par Versailles. Je n'étais que tolérée.

Et puis tout d'un coup j en ai eu assez. J'avais trop chaud, mal aux pieds, soif, envie pipi, sommeil. Marre, quoi.

– Si vous la preniez sur votre dos? a dit maman à papa.

Il n'avait pas l'air emballé.

– Juste un moment pour qu'elle se repose?

Papa a dit d'accord. Maman m'a soulevée et j'ai été installée sur le dos de mon père.

Oh! la belle façon de visiter la capitale! Paris à dos

d'homme, et, qui mieux est, à dos de papa, est la plus belle ville du monde. Nous ne passions pas inaperçus, des gens applaudissaient en nous voyant, j'avais retrouvé le moral, j'aurais pu traverser la France entière. Et, soudain, nous sommes arrivés à hauteur d'une sorte de géant qui portait une casquette et qui, appuyé contre un réverbère, regardait passer le défilé. Et il a arrêté le défilé et il m'a cueillie comme une cerise sur le dos de papa et il m'a soulevée comme si je ne pesais rien et il m'a présentée à la foule en criant d'une voix qui fit taire tout le monde et qui vibrait comme une cloche :

– Regardez tous! Regardez tous, camarades, et saluez-la, cette petite fille de salopards qui défile sur le dos de son père!

Moi, là-haut, dans ses mains énormes, je me suis dit : « Ça y est, ils vont se battre et, comme papa arrive à peine à l'épaule du monsieur, le monsieur va le tuer! Tu es orpheline, ma fille! »

Mais pas du tout, papa avait l'air très content et maman très émue. Ils ont serré la main du géant au milieu des bravos, des gens pleuraient. Je passais de main en main, j'avais l'impression d'être un ballon, tout le monde voulait me toucher. Mais le géant m'a reprise, toujours comme une cerise, il m'a embrassée, il m'a regardée droit dans les yeux et je l'ai aimé pour toujours, puis il m'a posée sur le dos de papa et lui a dit :

– Merci, camarade!

On s'est salués du poing avec le camarade qui a entonné :

– Il n'est pas de sauveur suprême!

– Ni Dieu, ni César, ni tribun! ai-je enchaîné, ce qui l'a rendu muet.

Et nous sommes partis en chantant. Mais, sur le dos de papa, mon petit poing commençait à flancher. C'est que je n'y comprenais plus rien... Quand j'avais dit à papa qu'il était un salopard j'avais eu deux tapes et ce monsieur-là on lui avait dit : « Merci camarade! »

Ça me tracassait encore quand je m'endormis dans Modestine bien avant d'avoir franchi la porte d'Italie.

Papa appelait toujours ses voitures « Modestine » en souvenir de Stevenson qui traversa les Cévennes sur une ânesse ainsi nommée. Et peut-être aussi parce que la modestie de ses cylindrées s'accordait à ce baptême.

Mon sommeil fut joyeusement troublé bien des fois, au cours de cette nuit, par les feux d'artifice, les orchestres des bals dans les villes et villages que nous traversions. Parfois, dans des petits bourgs, il nous fallait rouler à travers une piste de danse. Papa disait :

– Je suis André Chamson, l'un des directeurs de *Vendredi.*

Et les danseurs s'écartaient devant nous avec des bravos, on nous faisait un bout d'escorte, on m'apportait à boire, on offrait une fleur à maman et je me rendormais, heureuse d'avoir tant de camarades.

Et tant de confettis dans mes cheveux.

L'auberge de la Bécedelle était une vieille ferme abandonnée qu'un groupe d'instituteurs cévenols avait retapée. Elle était isolée, à flanc de montagne. Ni dans les hautes, ni dans les basses Cévennes, je ne sais plus où et je ne veux pas qu'on m'y mène, je ne veux retourner vers la première auberge de la jeunesse que je connus – et qui fut peut-être une des premières à exister – que par les sentiers du souvenir.

Mon Dieu, qu'ils éblouissaient la petite fille ces grands garçons de vingt, vingt-cinq ans! Nous étions assis sur une aire à battre le blé, granit dur encore semé de paille d'or. Je revois tout : il y a un grand chêne vieux comme un camisard qui veille sur nous, sous ma main je sens les dures mousses, les râpeuses broderies de lichen qui ourlent le mur de pierres sèches, il y a un chien, adopté, aux douces oreilles plates qui est venu près de moi, et le chien écoute, comme les grands garçons, mon papa qui parle de liberté et d'espoir.

Non, je ne veux pas retourner à la Bécedelle.

Les grands garçons sont tous morts. A la guerre. Au maquis. Pas un survivant de ce jour d'amitié. Tous morts. Morts pour ce qu'ils avaient dit qu'ils défendraient de toutes leurs forces et toute leur vie. Ils étaient tous instituteurs. Ils avaient tous appris la France dans Victor Hugo. J'espère qu'ils ont eu, aussi, avant de mourir pour nous, le temps de l'apprendre à des petits enfants.

Elle a beau être intrépide, mémé, ça lui fait quelque chose de voir partir sa fille et son gendre pour la Russie. La dernière fois que quelqu'un de la famille a fait le voyage, c'était avec Napoléon. Son arrière-grand-oncle d'Anduze qui s'en est allé, les pieds dans ses souliers, jusqu'à « au loin Moscou brûlait » et qui est revenu avec un bras en moins et d'épouvantables histoires de Bérézina et de grognards se réchauffant dans la carcasse des chevaux morts.

– Voyons, maman! lui a dit Lélette, nous ne partons pas avec la Grande Armée!

Mais je vois bien que mémé est troublée. Aussi a-t-elle accepté comme une bénédiction l'invitation de sa cousine Mathilde pour se changer les idées. Et nous voilà, toutes les deux pour une semaine, dans la maison de la cousine, à Congénies.

Congénies, au fond, ce pourrait être la ville frontière entre le Languedoc nîmois et la Cévenne des montagnes. Nous sommes encore dans la plaine. La vigne règne. La vigne piquée de fruitiers et de mas. Mais il suffit de regarder un peu et on découvre tout le côté biblique de ce paysage, avec ses figuiers, ses fenouils chevelus et ses cyprès veillant sur les tombes des religionnaires. Nous sommes bien chez les camisards.

La maison de cousine Mathilde me plut tout de suite. Mémé me dit :

– C'est une maison de maître.

En fait de maîtres, il n'y avait que cousine Mathilde qui était veuve d'un veuf ayant lui-même de grands enfants qui vivaient aux colonies.

– Ma pauvre cousine a des idées de droite, disait mémé avec consternation comme elle aurait dit : « Ma pauvre cousine est poitrinaire! »

Elle disait aussi, mais avec fierté, que cousine Mathilde ressemblait à la bonne dame de Nohant.

– Qui c'est ça, mémé?

– George Sand. Mêmes bandeaux, mêmes boucles d'oreilles, même majesté calme.

Si la politique les divisait, la religion les rapprochait, et j'ai toujours gardé la conviction qu'on cachait un fantôme catholique dans une des nombreuses armoires à ferrures de cette demeure aux volets toujours clos. Mais peut-être est-ce parce que je fus influencée par les livres à tranche dorée, les Walter Scott, les Alexandre Dumas qui remplissaient la bibliothèque fermée à clef?

Le premier jour, cousine Mathilde me dit :

– Tu peux lire tout ce que tu veux. Il y a si longtemps que ces livres n'ont pas été entre les mains d'un enfant que je sens que tu vas les rendre très heureux. Tu peux tout lire... mais à une condition...

Aïe, Aïe, Aïe! rien qu'à voir l'air radieux de mémé je la devine, la condition!

– ... et comme je ne veux pas gâcher ton séjour chez moi par des monotones devoirs de vacances nous allons les inventer en te faisant découvrir les grands auteurs. Et, tu verras, quand tu auras recopié un passage de *L'Allumeur de réverbères,* ou une page de Charles Dickens ou de, voyons, je ne sais pas, par exemple...

– La bonne dame de Nohant, proposai-je.

– Si tu veux, acquiesça, charmée, cousine Mathilde qui cultivait la ressemblance. Eh bien, quand tu auras recopié quelques morceaux choisis, tu t'en souviendras toute ta vie.

Le jour où elle eut la double révélation de mon écriture et de mon orthographe fut un jour de deuil pour la cousine Mathilde. Elle m'offrit une boîte de sergent-major et essaya de laver mes fautes dans l'encre violette et l'*Introduction des Histoires du Temps des Croisades,* traduction Defauconpret. Ainsi, *Le Grand Tour,* cette invitation du voyage de jadis à travers temps et espace, *Le Grand Tour,* « forme bien tes pleins et tes déliés, ma chérie », commença-t-il pour moi de très austère façon. Mais cousine Mathilde était aussi loyale que les héros de Walter Scott et onques n'eus à déplorer de sa part félonie ou traîtrise. Le premier jour, à peine avais-je essuyé ma plume et refermé mon encrier que, déjà, je tendais une main encore tachée de violet vers Quentin Durward qui m'alléchait encore plus que Richard Cœur de Lion.

– Je peux?

– Bien sûr, ma chérie, je t'ai donné ma parole! dit le chevalier Cousine.

– Tu ne vas pas sortir en plein soleil et sans chapeau! avait crié mémé en me voyant me diriger vers la porte.

Alors cousine Mathilde m'avait fait découvrir l'endroit miraculeux qu'elle appelait son « boudoir de verdure ».

C'était un îlot vert amarré au milieu des vignes et de la sieste. Un univers minuscule mais parfait. Je traversais la cour sous un soleil sans pitié. Les poules caquetaient bêtement, grattant du bec le sol blanc, le griffant d'une patte sèche, idiote. Je m'éloignais de la maison aux volets fermés sur sa fraîcheur. Rose latine coiffée de tuiles romaines, elle semblait brodée par les arabesques d'une treille et les soutaches de « la » sulfate. Chiens et chats dormaient sous des charrettes dételées. L'air bourdonnait comme un vol d'abeilles sur l'infini des vignes que seule rompait la touffe verte de l'îlot.

Je pousse une grille qui grince comme à l'entrée d'un cimetière, je m'assieds sur un banc de bois auquel il manque des lattes comme il manque des dents à un vieux. Je regarde autour de moi, le livre à la main, caressant la tranche d'or bien lisse, cherchant de l'œil le nain Nebectamus, buvant l'atmosphère enivrante qui règne en ce lieu.

Invitation au voyage...

Ici poussent la grenade, le laurier-rose, le laurier-tin, le laurier-cerise, le laurier d'Apollon. Au milieu d'un gazon moussu il y a un palmier dont le tronc triste et grisâtre, le poil terne et mélancolique me font penser à ces éléphants centenaires qui n'en finissent pas de mourir au milieu d'une piste. Le magnolia règne sur un coin si frais, si vert qu'il en devient effrayant. Source? Mousse? Lèpre? Je n'ose m'aventurer sous cet ombrage laqué sur lequel s'ouvrent des fleurs de crêpe de Chine.

Chine, Tonkin, Terre Sainte, Terre de Feu, Terre Promise...

J'irai partout!

J'ouvre le livre... et tous les héros de Walter Scott s'évadent des pages à l'odeur morte et me voici sur les rives de Meuse : « Dunois! Dunois! Vive le Hardi Bâtard! Orléans à la rescousse! » crient les chevaliers et, leur chef en tête, ils partent au grand galop de charge, suivis par une petite fille éblouie qui galope, qui galope, crevant son cheval à la poursuite de la Garde Écossaise, du Sanglier des Ardennes et du blond Varlet au Sac de Velours..., une petite fille emportée pour toujours depuis cette rampe secrète vers les voyages intérieurs, les plus beaux de tous.

Je dois aller chercher un panier de légumes chez les métayers de cousine Mathilde. Toute seule. Mais quels légumes? Cousine Mathilde et mémé sont d'accord sur le légume mais pas sur le nom. Des bettes, des blètes, des blettes, des cardes ou des cardons? Il faudrait savoir. Discussion courtoise mais serrée entre les cousines.

J'ai traversé la rue principale sous l'œil inquiet de mémé, je passe devant la mairie, le Temple, je tourne à droite..., un chemin avec de grands murs au pied desquels poussent des iris..., des vignes, encore et toujours des vignes, et puis un portail ouvert avec une allée qui mène à un mas. C'est bien là, il y a un puits avec des lilas et un vieux chien qui aboie avec indifférence au bout d'une corde et retourne se coucher une fois son rôle tenu.

Un rideau de coton empêche les mouches d'entrer dans le mas. Je n'ose pas le soulever, je frappe contre le battant de la porte ouverte...

– Oui? fait une voix.

Il fait très sombre à l'intérieur. Il faut s'habituer à l'obscurité avant de découvrir une femme, debout, qui sert deux hommes, le père et le fils, assis à une grande table de bois.

– Adieu, disent-ils.

Et je réponds :

– Adieu.

Sur la cheminée, un fusil, la croix huguenote avec le Saint-Esprit, dans l'âtre les braises d'été qu'on ne laisse jamais s'éteindre, l'évier de grès avec sa pompe, la panetière et l'horloge de parquet. Et, près d'elle, la parole : « Veillez et priez car vous ne savez ni le jour ni l'heure. »

Mais on n'entre pas comme ça chez les gens sans se nommer, même quand on est petitoune. Je me nomme. Ils ont l'air surpris.

– Tu t'appelles Chamson?

– Oui, monsieur.

– C'est toi qui habites chez Madame?

– Oui, monsieur.

Les deux hommes se regardent, puis le plus âgé dit :

– Chamson... si c'était?... non, ce serait trop beau, pas possible, pas chez Madame.

Je brûlais de leur dire :

– Mais si! Mais si! je suis celle que vous croyez! je suis la fille de ce Chamson à qui vous pensez!

Je n'ai pas osé. J'avais mon panier de bettes, blètes, blettes, cardes ou cardons, et je restais là, stupide.

– Sarah, donne un biscuit à la fillette, a dit le père.

Elle a sorti un biscuit d'une belle boîte en fer-blanc, « La Basquaise », et elle me l'a tendu. J'ai remercié mais je ne suis pas partie. Je venais de prendre une décision et Dieu savait où elle me mènerait mais je ne m'arrêterais pas en chemin. J'ai respiré comme on fait quand on va plonger, ils attendaient tous et le biscuit mollissait dans ma main moite.

– Monsieur...

– Petitoune?...

Je le regardai, droit dans les yeux, et je demandai, comme une prière :

– Monsieur, s'il vous plaît, vous pouvez me dire ce que c'est que les salopards?

Et j'attendis la fin du monde.

Il s'était fait un silence terrible. Tout le monde avait cessé de bouger dans la salle, on n'entendait que le battement de cœur de l'horloge et il me semblait que c'était le mien. Le biscuit était devenu une bouillie pégueuse dans ma main. Le vieux ne se mit pas en colère. Il s'était levé, il était très grand, très droit, il me regardait comme s'il avait voulu comprendre quelque chose d'essentiel. Il répéta :

– Des salopards? Tu veux dire ceux qu'on appelle comme ça en ce moment?

– Oui, monsieur.

– Eh bien, tu pourras dire ce qu'ils sont si quelqu'un te le demande : ils sont le sel de la Terre.

Alors j'ai senti que ce monsieur, lui aussi, il avait la clef du Sanctuaire et que je m'étais bien adressée. J'ai dit merci, j'ai fourré ce qui restait du biscuit dans ma bouche et je suis partie en dansant malgré le panier chargé.

Je chantais : « Salut! salut à vous, braves soldats du 17e » en passant devant le puits aux lilas, « salut, salut à vous, à votre geste magnifique! » le long de l'allée, « vous auriez, en tirant sur nous », le long des iris, « assassiné la République! »

Ce qui me faisait le plus plaisir ce n'était pas de savoir enfin ce que je cherchais depuis le 6 février 34, ni de savoir que c'était quelque chose de bien, non, ce qui me faisait le plus plaisir c'était une autre certitude. La certitude que le vieux monsieur n'avait pas été fâché par ma question. Pourquoi? Je n'aurais pas su le dire mais j'en étais sûre. J'avais eu raison d'avoir du courage. Mais, si j'étais vraiment courageuse, il faudrait que je dise à papa, quand il reviendra de Russie :

– Je sais que tu es le sel de la Terre.

Mais je n'oserai jamais.

Pour les raisons qui viennent de m'empêcher de dire aux métayers de cousine Mathilde que j'étais bien la fille de quelqu'un qu'ils aimaient.

Je voudrais connaître le nom de cette chose qui fait que l'on n'ose pas dire certains mots, de cette chose qui vous retient de laisser voir ce que l'on a dans le cœur, de cette chose qui fait rougir...

Mais, patience, profitons des vacances, je ne peux pas tout apprendre en un jour!

Ils sont revenus!

Ils sont revenus de Russie! Mais pas par la Bérézina, par la Baltique, sur un bateau blanc soviétique, le *Djerjinski,* qui avait une énorme femme comme capitaine avec une casquette et des galons! Ils sont entiers! Ils ont toutes leurs jambes, tous leurs bras, ils sont là! Ils me disent :

– Arrête de sauter comme ça!

Mais je suis trop contente de les voir et je crois qu'il y a des cadeaux...

Des cadeaux? Ils me rapportaient le parfum d'un monde.

Et, quand je dis « le parfum », je peux encore le respirer en ouvrant ma bibliothèque. Jamais les livres d'art rapportés dans leurs bagages n'ont perdu leur forte odeur de papier pauvre. Mais je ne les trouvais que plus attrayants et plus rares. Je ne connaissais personne qui possédât des livres qui sentaient aussi mauvais. De quoi asphyxier mademoiselle Tabourin!

A genoux devant les bagages couverts d'étiquettes lointaines comme c'était la mode en ce temps-là, je regardais papa et maman déballer les souvenirs achetés à Kiev, Moscou ou Leningrad, poupées gigognes peintes, coffrets de bois clair, pierres de l'Oural, auxquels s'ajoutaient, bien plus précieux, des souvenirs qui étaient des visages, des noms, des paysages. Je rêvais de Nina Dinamova, la belle actrice moscovite, de Bola Boleslawskaïa, leur guide, et de Boris Pasternak, le poète, qui leur avait couru après sur la place Rouge parce qu'il les avait trouvés un peu tristes. Il leur avait pris les mains et leur avait dit :

– Vous savez, la vie est toujours plus généreuse... et surtout plus légère...

Ce devait être un pays magique que la Russie pour que mes parents se mettent à me parler comme à une grande personne? Il faut dire que maman m'avait raconté tout ça à l'abri d'une petite toque de veau clair qu'elle avait achetée sur la perspective Nevski. Elle devait se sentir protégée par la voilette à pois retenue par une touffe de violettes. Elle ressemblait aux héroïnes des romans de Tolstoï que je n'avais pas encore lus, dont je n'avais encore jamais entendu prononcer les noms. J'essayais d'imaginer les steppes glacées, les coupoles à chaînes d'or, les ponts sur la Néva et les forêts de bouleaux à perte de vue. Devant les valises ouvertes et l'âcre odeur de marée qui montait des livres neufs, j'avais le sentiment confus, diffus, touffu de l'immensité d'un pays presque aussi grand qu'un continent. Je regardais avec respect les signes, indéchiffrables pour moi, des caractères cyrilliques et j'y lisais comme une promesse.

Un rendez-vous lointain.

ЛЕНИНГРАД

Mais je n'avais pas oublié ce que j'avais entendu : Boris Pasternak les avait trouvés un peu tristes.

Pourquoi étaient-ils tristes?

Le soir même, après que maman m'eut embrassée dans mon lit, je la retins contre moi dans le noir :

– Pourquoi vous êtes tristes?

Elle ne répondit pas tout de suite. Elle s'assit sur le bord de mon lit, en silence. Puis :

– On ne dit pas : pourquoi vous êtes tristes? Mais : pourquoi êtes-vous tristes?

– Pourquoi êtes-vous tristes? répétai-je avec une bonne volonté désarmante.

– Nous sommes tristes à cause de la guerre d'Espagne.

La guerre d'Espagne. C'est vrai, j'avais entendu dire par mémé qu'il y avait la guerre, là-bas, mais c'était loin.

– Nous, en France, on n'a pas la guerre?

Non, mais pour papa et maman c'était terrible parce qu'ils adoraient l'Espagne qui était si pauvre, si belle, si courageuse. Et maman, dans le noir, me racontait les voyages à la Sierra de Gredos avec les Pierre Bost, les Jean Prévost et elle me parlait des muchachos qui avaient toujours faim à cause de la misère, des femmes de chambre aux tresses noires qui avaient l'air d'infantes, de Jésus, le cavalier manchot qui les menait à cheval dans la montagne jusqu'à la laguna de l'Almanzor où l'eau était si froide et si verte, des airs de guitare qu'on entendait toute la nuit sous les étoiles castillanes...
Et d'un poète qui s'appelait Federico Garcia Lorca et qui venait d'être assassiné parce qu'il pensait comme nous.

C'est à ce moment-là que j'aurais dû leur dire :

– Vous êtes le sel de la Terre.

Mais je n'ai pas pu. Immobile, dans le noir, je repoussais la guerre de toutes mes forces. Et je disais au fond de mon cœur : « Je t'en prie, mon Dieu, pas la guerre. »

Maman me bordait et déposait un nouveau baiser sur mon front en me disant :

– Mais toi, tu es une petite fille, tu ne dois pas être triste.

Facile à dire! On me chassait de la félicité enfantine et je ne devais pas être triste! Je n'aurais jamais pu imaginer que mes parents avaient tant d'amis de l'autre côté des Pyrénées... Je plaignais la pauvre Espagne, d'autant plus que j'avais compris que c'était la pire des guerres, la guerre civile, celle où l'on tue son voisin et son frère. Et Hitler faisait tomber des bombes sur les muchachos, sur les femmes de chambre, sur Jésus le manchot. Et Federico Garcia Lorca avait été assassiné. Et Mussolini aidait Hitler. Mussolini dont on riait quand on le voyait aux actualités. Allait-on rire encore longtemps? Pauvres petits enfants de mon âge arrachés aux villages en flammes. Pauvre Espagne... Je la plaignais et en même temps j'étais un peu jalouse. Comme si on venait de m'annoncer l'existence d'une sœur plus grande que moi. Il fallait que je m'habitue. Il fallait que j'apprenne à l'aimer.

Mais moi je n'avais pas trempé ma main dans l'eau verte et magique de la laguna de l'Almanzor, je n'avais pas marché au milieu des orangers, je n'avais pas traversé les jardins de l'Alhambra, je n'avais pas rencontré Don Quichotte... C'est dur d'aimer une sœur inconnue. J'avais envie de dévorer les jours, de rire et de chanter et voilà qu'on venait de poser une menace sur mon cœur et que je n'osais plus faire de bruit comme si, quelque part, dans une chambre de notre maison, quelqu'un de très proche, de très cher, de très aimé était en train de mourir.

Peut-être est-ce que je manque de courage? Peut-être que si chacun osait dire ce qu'il a dans le cœur les hommes seraient si heureux qu'il n'y aurait plus jamais de guerre?

Je plongeai dans le sommeil et le bureau de Colbert devint grand comme l'univers. Mon petit lit voguait comme le *Djerjinski,* il allait au milieu des glaces et, sur les glaces, poussaient des orangers, et les étoiles castillanes tombaient du ciel et éclataient en gerbes de feu sur les orangers. « Hâte-toi! Hâte-toi! » soufflait le vent des steppes à mon oreille. Il fallait que j'arrive à Moscou avant la guerre, il me restait très peu de temps, papa et maman m'attendaient sur la place Rouge, ils étaient tristes, ils étaient seuls. « Hâte-toi! Hâte-toi! » soufflait le vent. Ils attendaient le message, le rameau que seuls une colombe, un poète ou un enfant peuvent porter..., « la vie... », ne pas oublier..., « plus généreuse... et surtout plus légère... »

NOTRE VOISIN BRÛLE DÉJÀ

Jam proximus ardet Ucalegon.
« Déjà brûle notre
voisin Ucalégon. »
Virgile, *Enéide,* II, 311

Pendant le premier hiver de la guerre d'Espagne, il se passa quelque chose d'épouvantable : Rosalie rencontra Louise. Et Louise fit semblant de ne pas la reconnaître!

Rosalie en sanglotait dans la cuisine.

– Voyons, Rosalie, vous n'êtes pas une enfant! Vous n'allez pas vous rendre malade pour ça! disait maman en lui tapant dans les mains.

Mais Rosalie hoquetait, ruisselante de larmes :

– Elle poussait un landau avec une couronne! Elle portait un manteau de brèche... de brèche... de brèche...

– ... wanz, dit maman.

Rosalie avala ses larmes en approuvant de la tête, se moucha et dit d'une voix lamentable :

– C'est encore plus cher que l'astrakan.

– Mais qu'est-ce que ça peut faire? demanda

maman. Enfin, Rosalie... Rosalie?... Vous m'entendez, Rosalie?

– Je vais partir... Je vais quitter Madame.

– Vous allez me quitter parce que Louise a un manteau de breitschwanz? fit maman, dépassée.

– Je vais quitter Madame! répéta Rosalie, et elle éclata de nouveau en sanglots.

On percevait des mots hachés, informes, mouillés :

– Verssssailles!... couronne... pas saluée... trop de peieieieine! ... Mitry-Mory!

Ce n'était pas maman qu'elle voulait quitter, c'était Versailles. Versailles qui lui « puait au nez ». Aussi allait-elle accepter la proposition de sa cousine Augustine qui tenait la maison d'un oto-rhino-laryngologiste à Mitry-Mory (Seine-et-Marne) et qui avait besoin d'une cuisinière.

Rosalie pleura pendant le mois qui précéda son départ, elle pleura en faisant sa valise, elle pleura dans la cuisine, elle pleura dans les plats, au marché, chez les commerçants, elle pleura jusqu'au dernier matin, elle pleura en m'embrassant, elle pleura en embrassant maman, mais elle fut inflexible, Versailles lui puait vraiment au nez, elle s'en alla.

Mélanie qui la remplaçait s'était présentée elle-même comme une femme d'âge et d'expérience. Son premier soufflé fut si bon que j'eus peur qu'elle ne soit aussi méchante qu'Anna... Mais non, tout allait bien et elle paraissait s'entendre parfaitement avec Marguerite, la femme de chambre qui avait succédé à Louise.

Tout allait bien.

Quenelles. Crème renversée. Petits choux caramélisés...

Cette félicité gastronomique dura jusqu'au premier vendredi.

Le vendredi, paraissait *Vendredi.* C'était même dans la publicité : « *Vendredi* paraît vendredi, et tous les vendredis paraîtra *Vendredi.* »

Donc, le vendredi arrive et *Vendredi* avec. Et Mélanie demande à Marguerite :

– Qu'est-ce que c'est que ça?

– C'est le journal de Monsieur.

– Il lit ça, Monsieur?

Marguerite, qui était très rieuse, éclata de rire :

– Je ne sais pas s'il le lit, en tout cas il l'écrit! C'est lui le directeur!

Mélanie avait déjà dénoué le cordon de son tablier qu'elle roulait et posait sur la table.

– Je pars, dit-elle à maman qui rentrait pour dîner.

– Mais vous aviez l'air si contente, Mélanie!... Qu'est-ce qui s'est passé? demandait maman, stupéfaite, sa toque de la perspective Nevski encore sur la tête.

– Je pars pour des raisons politiques, Madame. Si Madame le souhaite, je ferai mes huit jours. Cependant je préférerais, si Madame n'y voit pas d'inconvénient, avoir mon compte tout de suite et m'en aller.

C'est ainsi que Mélanie nous quitta un vendredi soir en laissant une quiche à l'aspect succulent dans le four.

– Et vous, Marguerite? demanda maman d'une voix faible.

– Moi, Madame?

– La politique?...

– Oh! moi, je m'en fous! dit gaiement Marguerite.

C'était déjà ça. Un peu plus tard, en mangeant les restes calcinés de ce qui avait failli être une quiche et que tout le monde, dans l'émotion de l'événement, avait oubliée dans le four, maman déclara :

– La première cuisinière qui se présente, je lui dis tout!

Elle tint parole avec un tel souci de vérité chartiste que je m'attendais à voir se sauver, épouvantée, la demoiselle répondant au nom de Josée qu'une agence venait d'envoyer.

Maman lui dit tout. Absolument tout.

Vendredi, le Front populaire, les camisards qui faisaient qu'on n'allait pas à la messe, elle lui dit que, moi, je mettais la cuisine en l'air tous les samedis après-midi pour faire des pâtisseries immangeables (?), que nous avions une mémé, plutôt autoritaire, qui venait très souvent, que Monsieur avait des heures impossibles et une maladie d'estomac, que j'étais une « assez » gentille petite fille mais très remuante, que les commerçants étaient très loin du château et que, l'hiver, la place d'Armes c'était la Sibérie à traverser, l'été le Sahara et qu'avec un sac au bout de chaque bras ce n'était pas une partie de plaisir, que l'appartement était très grand, très vieux, très inconfortable, très difficile à entretenir, que... que... Elle ne savait plus que lui dire, moi je trouvais ça suffisant et je m'étonnais que la demoiselle ne soit pas déjà au milieu de la place d'Armes. Si ç'avait été moi, il y a un moment que j'aurais pris mes jambes à mon cou, remuante comme j'étais!

– Ah! j'oubliais, dit maman qui venait de nous découvrir une nouvelle tare, j'oubliais : nous allons avoir un chien.

Un chien? Le ciel venait de s'entrouvrir pour moi. Un

chien! Quel bonheur! Depuis la mort de Minette j'avais tellement besoin de serrer une petite chaleur vivante contre moi!

Je criai :

– Un chien? Un chien, maman? Un chien?

– Tais-toi! Cesse de sauter! Vous voyez, elle est très remuante! Allons, calme-toi ou pas de chien!

Je retombai comme un sac de farine dans un calme mensonger. Mais j'étais toute grouillante de joies intérieures. Un chien...

– Alors, demanda maman, que pensez-vous de tout ça?

Je ne sais pas ce que Josée a répondu... Il faudra qu'on en parle toutes les deux parce que, quarante-six ans après cette question, elle fait toujours partie de notre vie.

Josée.

Le premier jour, vers six heures du soir, elle me dit :

– Si vous avez fini vos devoirs, vous pouvez venir avec moi chercher du râpé, rue Hoche.

Bien sûr que j'avais fini! Plutôt deux fois qu'une! C'était merveilleux d'aller faire des courses le soir parce qu'on avait le temps de bien regarder les magasins. Le râpé, tout frais, souple et comme vivant, chez le crémier. Les grands récipients pleins de lait dans lesquels la petite commise, toujours une blonde aux yeux bleus, plongeait une louche pour remplir la boîte de fer-blanc. « Un litre? Et avec ça? » Les épiceries avec leurs décors en fixé-sous-verre où des lettres d'or disaient : « Vins fins. Apéritifs de marque. Spiritueux. »

Spiritueux! Et cette odeur de pain d'épice et d'anis qui vous sautait dessus, gratuite, quand on entrait! Le coin mystérieux : « Ici on torréfie le café. » Et les boucheries aux rideaux rayés blanc et rouge avec leurs guirlandes de papier blanc frisotté relevé de faux persil, courant des têtes de veau aux paupières baissées aux barons d'agneau piqués d'une rose!

– Il est tendre, ce beefsteak?

– Tendre comme le cœur du boucher!

On se permettait un sourire avec Josée, et la grosse caissière pinçait les lèvres sous sa brioche de cheveux, avide de nous prendre des sous :

– Et pour suivre?

– Ce sera tout!

– Et cinq et trois et deux qui font dix!

Et nous partions sous le regard étiré du chat, toujours roux et énorme, qui grossissait d'une visite à l'autre, et il paraît que les chats de boucher ne mangent jamais : ils se nourrissent de l'odeur du sang et c'est pour cela que les caissières sont rondes dans les boucheries et menues dans les pâtisseries où la seule vue d'un gâteau leur lève le cœur, c'est bien connu. Les croissants nains de chez Dumas avaient l'air d'être préparés pour les Petites Filles modèles. Jamais je n'arriverai à en faire, c'est trop difficile, mais Josée m'a promis de m'apprendre à glacer les quartiers d'orange, les noix et les pruneaux fourrés. Elle m'a montré dans son livre au chapitre « Cuisson du sucre ». Il y a tout : le petit lissé, le grand lissé, le petit boulé, le grand cassé. J'ai essayé mais je n'ai pas très bien réussi, dimanche dernier monsieur Gide est resté coincé par les dents dans une datte à la pâte d'amandes. Il faut que je répète encore! Je vais me faire la main sur monsieur Jules Romains qui est annoncé.

Nous ne savions pas, en traînant sur la place d'Armes les cabas de toile cirée bleu marine que toutes les ménagères portaient en ce temps-là, nous ne savions pas que, quelques années plus tard, nous allions avoir faim, peur et froid ensemble. Personne ne prévoyait qu'un jour toutes ces belles boutiques seraient vides. Josée ne se doutait pas qu'elle aurait à régner sur la pauvre cuisine de la Chambre de Goethe, ses lapins, ses dindons, ses canards, elle ne se doutait pas qu'il lui faudrait, pour nous nourrir, inventer la soupe d'orties, la salade de queues de radis, le gâteau au chocolat sans chocolat à base de pommes de terre gelées, la purée de carottes fourragères... Elle ne se doutait pas qu'une nuit cruelle où nous avions été réveillées par une descente de police elle mettrait notre dernier morceau de sucre dans la tasse de tilleul qu'elle me fit boire à l'heure du laitier alors que le monsieur de Vienne et la cantatrice aux souliers rouges roulaient déjà vers *Nacht und Nebel*...

Et, s'il était à refaire, je referais ce chemin puisque c'est le mien, mais grâce soit rendue à Dieu qui ne m'envoya aucun ange pour m'annoncer les épreuves. Jean Prévost pouvait me soulever dans ses bras, je riais aux éclats sans arrière-pensée et je ne lisais rien derrière les lunettes d'intellectuel de Nizan, et je ne percevais aucune ombre dans le halo qui auréolait Saint-Ex... Notre voisin brûlait déjà et je n'y pouvais rien mais je menais mon combat de petite fille, lutte perpétuelle avec les bombes qui pleuvaient sur Madrid, avec les insultes qui pleuvaient sur *Vendredi*, avec la déchirure profonde qui fissurait le Front populaire et qui faisait que, déjà, on ne pouvait plus recevoir les camarades avec les camarades, sans se demander comment les choses allaient se passer. Et je sentais la tristesse qui, elle, était devenue la camarade de tous. J'aurais voulu la chasser. Mais comment? Ils me disaient : « Va jouer! » Et j'avais honte de ne pas être assez sérieuse... On me citait en exemple Françoise Wurmser, dix ans, qui, chaque fois que ses parents sortaient le soir, notait le communiqué sur la guerre d'Espagne et le déposait sur leur oreiller. Elle avait même ajouté : *No pasarán* un soir où ça n'allait pas fort pour les nôtres.

– Tu te rends compte, ma petite chérie?

Oh! si je me rendais compte! Françoise que j'avais déguisée en canari la dernière fois qu'elle était venue! Je n'oserai plus jamais... j'ai honte...

Et pourtant, si vous saviez ce que je sais, les grandes personnes. Si vous vouliez me suivre vers la beauté du monde, si vous vouliez faire attention à ma joie... Simplement regarder la nature. Les saisons qui se succèdent comme les figures d'un menuet sur Versailles et ses jardins, changeant en une nuit les eaux du Grand Canal en un chemin de cristal où le pas des patineurs trace des signes dans une langue mystérieuse, réveillant les oiseaux pour célébrer le printemps, réchauffant la nuque des statues, dépliant l'éventail des jeunes feuilles « le long de cette allée où la clarté du ciel semble toujours voilée », au bord des bassins jaillissants et jusqu'à l'extrême limite du parc où les herbes sages du Roy se jettent, flots verts, dans les herbes folles de la campagne, comme un fleuve dans l'océan, dans le suprême remous où la nature redevient Reine.

– Va jouer!

Mais parfois, à leur insu, ils oubliaient la tristesse, ils s'asseyaient sur la moquette du salon, sous le regard hautain de la petite duchesse de Bourgogne, et ils parlaient, et ils parlaient! Il y avait les deux Bretons, Guilloux, Guéhenno, toujours en train de rallumer leur pipe, Prévost qui disait à mon père :

– André, il faut vivre vieux!

Il y avait Malraux dont les mains semblaient prêtes à s'envoler à chaque mot, et ils parlaient, et ils parlaient! Et je ne savais pas qui était ce Balzac, ce Dostoïevski, ce Stendhal dont j'attrapais le nom au passage, mais je savais que c'était un ami. Et je savais aussi que, malgré la passion qui faisait trembler les voix, il n'était pas question de politique mais de quelque chose de beaucoup plus beau. Il était question du Métier d'Écrivain.

Le Métier d'Écrivain...

Et, chaque fois que j'entendais ces trois mots, j'avais un frisson délicieux. Et je me tenais prête, comme au début du cours, avant les premières notes du piano, quand Darling nous disait, impitoyable et merveilleuse :

– Droit le dos, petites filles, on salue!

Depuis que j'étais royalement logée, j'allais de moins en moins dans le monde. Pourquoi m'aurait-on invitée? C'était tellement plus divertissant de me visiter dans mes murs historiques. Parfois, amenant leurs petits dans le bureau de Colbert, des amis de mes parents leur recommandaient : « Regardez bien tout! » et je pensais que, sans doute, ils devaient les faire réciter dans la voiture pendant le trajet de retour. Moi, je grillais d'aller à Paris! J'attendais une invitation avec autant de fièvre qu'un héros de Somerset Maugham guettant l'arrivée d'un bristol. Aussi fus-je rendue à la vie quand Denise Souillard me convia pour son dixième anniversaire dans le pavillon de meulière que ses parents habitaient à Viroflay le long de la voie de chemin de fer Versailles-Rive droite. C'était une sorte de réunion œcuménique, de trêve de Noël, car les parents de Denise n'étaient « ni catholiques, ni protestants, ni juifs, ni rien, ni réacs, ni communards, ni francs-maçons, ni rien », ce qui lui permettait d'inviter à la fois Guillemette de Lavesne, Guilhène de Ranty, Riquette Chamson, Zozo Zuckerman et Françoise Billecart, la fille du préfet.

Dès le jardin on comprenait où on mettait les pieds. Il y avait des nains, un faux puits, un âne! Et, dans sa chambre, Denise avait un cosy-corner avec un Mickey-lampe! Et sa maman avait mis des poupées de salon avec des escarpins peints en or sur des « clubs », des fauteuils comme j'en avais vu dans un film de Fernandel qui allait chez les riches. Et aussi un jardin japonais avec des cailloux bleus et jaunes et un aquarium lumineux avec décor sous-marin, poissons Loïe-Fuller et escargots lécheurs! C'était vraiment beau et Marguerite, qui vint me chercher, était bien de mon avis.

– Ils ont tout, ces gens! disait-elle dans le train en regagnant Versailles.

Elle, c'était surtout le buffet Henri II qui lui avait plu. Moi, c'était le cosy... Aussi le château nous parut-il minable ce soir-là.

– Y a rien, ici! disait Marguerite, désolée, en regardant les murs blancs et austères.

Moi, j'imaginais quelques nains dans la Cour d'Honneur... Ce serait tout de suite plus gai... Quelle bonne journée j'avais passée! Comme nous avions ri! Comme je voudrais recommencer!

Qui allait m'inviter?

C'est si merveilleux d'aller chez les gens!

Le dimanche suivant, j'étais non pas invitée, mais reçue. Sans doute n'y avait-il personne pour me garder à Versailles ce jour-là et je n'en remercierai jamais assez la Providence car, contre toute vraisemblance et toute logique, je passai l'après-midi chez Jean Paulhan.

Un grand jardin fou. Une dame très malade qu'il ne faut pas déranger. Un petit singe jaloux qui tremble en me regardant. Et monsieur Paulhan.

– Si tu veux être très N.R.F., tu dis « Pauillan », m'a dit papa en venant.

Mais maman a tout de suite mis les choses au point :

– Tu ne dis rien. Tu n'es pas invitée. Tu te fais oublier.

Compris, je vais encore passer un bon moment. Mais ils parlent quelle langue, les écrivains, pour qu'on n'ait pas le droit de glisser son mot? Je crois qu'ils parlent « la dialectique » et que c'est pour ça que je ne comprends pas la moitié de ce qu'ils disent. Même quand ils rient. Comme l'autre jour quand Louis Guilloux a imité monsieur Gide : il l'imite très bien, il chuinte et il me semble, en l'entendant chuinter, voir monsieur Gide lui-même avec sa cape à carreaux. Alors il l'imitait et il disait : « Semons la gué! » J'ai ri avec tout le monde parce qu'il était vraiment rigolo mais j'ai demandé, parce que je ne veux pas mourir idiote :

– Qu'est-ce que c'est, « la gué »?

Alors là, nouveaux rires, tout le monde se roule par terre et moi, furieuse :

– Qu'est-ce que c'est, « la gué »?

Ils riaient toujours, Henri Petit a eu pitié de moi et m'a dit que c'était la Guépéou et que monsieur Gide, quand il était en Russie, tous les matins, il disait à

Louis Guilloux : « Semons la gué! » et que des fois ils y arrivaient. Je n'ai pas insisté. Mais j'ai regardé « dialectique » dans le dictionnaire : « Art du dialogue pour accéder à la vérité. »

Guépéou, je n'ai pas trouvé.

Qu'est-ce que je vais m'embêter chez ce monsieur « Pauillan »!

– Elle n'était pas prévue, mais nous ne savions qu'en faire! a dit maman en me présentant.

Ça commençait bien. Monsieur Paulhan me regardait, il avait un petit singe qui le tenait par le cou et qui me montrait les dents.

– C'est une femelle, dit-il, elle n'aime pas les petites filles.

Parfait, non seulement je vais m'embêter mais je vais être mordue!

– Je suis très heureux de vous connaître, poursuivit-il – il avait une pointe d'accent très doux –, parce que je crois que vous aussi, comme votre père et comme moi, vous êtes née au bord de la Fontaine?...

C'était ça, son accent si doux! L'accent de Nîmes! Très agréable à entendre, comme s'il me caressait l'oreille avec des doigts très blancs, des doigts de soie...

– Vous aimez les jardins?

Je fis oui de la tête. A vrai dire, j'en avais un peu peur de son jardin. J'y avais déjà rencontré un singe et je me demandais si, comme dans une peinture du Douanier Rousseau que maman adorait, il ne cachait pas sous ses rameaux et ses lianes la panthère noire et des cannibales avec leurs sagaies.

Après quelques pas prudents, je rejoignis les grandes personnes dans la maison.

– Grriii! dit la guenon.

– Douce! lui dit monsieur Paulhan.

Impénétrable leur conversation, la journée va être longue... Heureusement j'avise une petite tête de poupée, en cuir marron, posée sur son bureau. Je la soulève.

– Qu'est-ce que c'est?

– Oh! ça, dit la voix douce de monsieur Paulhan, c'est une tête réduite. Les Indiens jivaros coupent la tête de leurs ennemis et parviennent, par une succession de miracles, à obtenir cette miniature. Celle-ci est très belle à cause de l'état de fraîcheur de la peau et de la perfection du regard.

Ce que j'ai au creux de la main, ce qui me regarde avec des yeux de pierre, c'est une tête HUMAINE. Ce que je n'ose plus poser, ni lâcher, ni toucher, c'est la tête de quelqu'un qui a EXISTÉ. Et il y en a partout, posées comme des cendriers. Et ces gens-là ont VÉCU. Il faudrait peut-être dire une prière? leur expliquer que je n'ai pas voulu violer leur sépulture comme le sergent Bertrand? Pauvres têtes, où sont vos corps?

– Mais il faut voir cette autre, particulièrement exquise, dit monsieur Paulhan qui cueille délicatement la noix brune dans ma main..., pardon, petite Frédérique..., il faut voir celle-là, exquise, n'est-ce pas? poursuit-il, car c'est une tête de femme et, avant d'avoir la chance de la découvrir, j'ignorais même qu'il en existât une au monde.

Je n'ose plus rien toucher, plus rien regarder, d'ailleurs la guenon me surveille et, chaque fois que je bouge, elle montre les dents.

– Elle est si sage, si sage, la petite Nîmoise, dit la voix douce de monsieur Paulhan, que je vais lui faire un cadeau...

« Ça y est! me dis-je avec effroi, on va repartir avec une tête! » Mais ce n'était pas ça, le cadeau. C'était une statuette de bois. Un scribe accroupi qui venait de Madagascar et qui, vêtu d'une vraie robe de cotonnade crème, attendait qu'on lui dicte... des mots. Des mots de dialectique? J'étais si heureuse que, quand on est allés boire de la cerisette dans le jardin, j'ai assis le scribe sur mes genoux et j'ai eu l'intuition qu'il me ferait plus d'usage qu'une poupée. Et j'ai eu le courage de prendre une amande sur le plateau des rafraîchissements et je l'ai tendue à la guenon. Elle a regardé son maître qui lui a dit : « Oui », et elle a cueilli l'amande, timidement, avec des doigts secs et écailleux comme des griffes d'oiseau. Tout le plateau y est passé. Puis elle m'a pris la main et elle est restée contre moi, frissonnante, longtemps, longtemps.

– Vous êtes l'élue, elle n'a jamais pris la main de personne à part la mienne. Elle devine les choses, elle doit savoir tout de vous, Frédérique...

Mon Dieu, que je l'aimais, ce monsieur Paulhan!

Que je fus triste de le quitter!

Comme la voiture démarrait, je demandai à papa et maman :

– Est-ce que je pourrai aller passer des grandes vacances toute seule chez monsieur Paulhan?

Ils riaient encore en franchissant la grille sous la couronne des Rois de France.

J'ai toujours le scribe malgache, il veille sur quelques lettres ravissantes, que Jean Paulhan m'envoya, des années plus tard, à la parution de mes premiers romans.

Parfois je les relis et il me semble entendre la voix très douce, comme une caresse.

Mémé n'était pas venue, cette année-là, nous porter les picholines de l'automne. A chaque rentrée des classes, elle nous préparait des olives dans une grande jarre qui venait de chez ses propres parents. Et, rituellement, au bout de quelques semaines, d'espoir d'abord, d'infection ensuite, on jetait les olives.

– Elles ne doivent pas se plaire au-dessus de la Loire, disait mémé.

Mais, cette année-là, elle n'était pas venue. Elle avait écrit à maman : « Je fais des économies, je te dirai pourquoi », et ça avait terrifié maman. « Je me demande ce qu'elle nous prépare », se demandait maman qui était bien loin d'imaginer la vérité, la merveilleuse vérité. Qui n'éclata qu'avec le printemps.

Mémé voulait m'emmener en croisière découvrir la Grèce et l'Égypte avec un voyage organisé par *Vendredi*.

– Mais c'est beaucoup trop cher! dirent mes parents.

Mémé avait tout prévu avec le concours de sa sœur Marguerite. Y compris vingt francs, somme astronomique que ma grand-tante me donnait comme argent de poche. Alors papa et maman, perplexes et tentés, dirent :

– On verra.

Moi, je bouillais!

Aucune aide à espérer du côté des intellectuels. Ils avaient dit : « Trop petite! » ce qui me fit soupçonner qu'ils ne connaissaient rien de la vie.

J'étais incapable de prévoir à qui je devrais l'accord définitif de mes parents.

Mademoiselle Tabourin.

Car j'ignorais qu'un autre voyage se préparait.

Un voyage que papa devait faire, seul, et que tout le monde me cachait soigneusement. Aussi, quand mademoiselle Tabourin me siffla : « Alors, ce beau voyage, c'est pour quand? » je lui répondis innocemment que je ne savais pas encore si on allait m'emmener.

Elle eut l'air étonnée. Puis elle me dit avec un petit rire :

– Ça vous fera des souvenirs! Si vous en revenez...

Si j'en revenais?

– Eh bien, oui, de la guerre! De la guerre d'Espagne! C'est bien là que part votre papa? Avec un groupe d'écrivains! Vous ne le saviez pas?

La guerre? La guerre d'Espagne? La guerre qui tuait, la guerre où l'ennemi criait : *Viva la muerte!*, la guerre, quoi! Et papa allait partir là-bas, et ils me l'avaient tous caché! Oh! la GUERRE!

Je n'ai jamais revu mademoiselle Tabourin.

J'ai été malade deux jours. Vraiment malade, au lit, visite du docteur, ordonnance, et papa et maman qui me tenaient la main et qui disaient tout ce qui pouvait me faire plaisir, et tu ne la verras plus, mademoiselle Tabourin, et tu iras en Grèce, et tu auras un chien et on ira tous les trois en vacances et veux-tu un jus d'ananas et un baba au rhum même-avec-du-rhum? c'est permis et, tu vois, on est là et il ne faut plus pleurer...

Tout ce qui pouvait me faire plaisir... sauf la seule chose que j'aurais voulu entendre. Que papa renonçait à son voyage en Espagne. Mais ça, il ne pouvait pas me le dire. Il DEVAIT y aller. Il me l'a expliqué et c'était clair. Il me disait :

– Tu sais, c'est peu de chose, peu de jours. Je ne vais pas me battre, je vais seulement regarder... témoigner.

Et je me disais : « Cause toujours, camarade, ce que tu vas regarder est une chose qui tue, prends bien garde à toi. »

Aussi, il ne faut pas s'étonner si, à son retour de Madrid où Bergamin lui disait pendant que les bombes pleuvaient du ciel : « Ce que tu entends, André, n'est que la mauvaise rhétorique de la mort », il ne faut pas s'étonner si, une fois rassurée, je me suis lancée à corps perdu dans des plaisirs effrénés.

Y viva la vida!

« Bienvenue à bord! »

Qu'est-ce qu'on était épatées, mémé et moi, en montant l'échelle de coupée du *Cairo-City*!

Un grand bateau blanc qui me paraissait splendide car je n'en avais jamais vu d'autre. Un grand rafiot craquant de vieillesse, grouillant de rats et de cafards mais, pour nous et nos compagnons de voyage, il était le Navire, l'Arche, l'Aventure.

Un bateau grec. Qui avait fait des « conditions très avantageuses » aux lecteurs et abonnés de *Vendredi*. L'armateur avait dû être bien content de caser ses cabines défraîchies, ses salles à manger aux couverts désargentés, ses coursives aux cuivres éteints, à une bande d'intellectuels de gauche pas trop regardants sur le confort et la gastronomie. Mais qu'est-ce que nous étions heureux! Sur le pont arrière, mémé me tenant la main comme si elle avait peur qu'une lame de fond ne vienne me ravir à ses yeux, on a vu Marseille qui s'éloignait, devenait petite, indéchiffrable... Et puis, plus de rivage, on était en pleine mer! On est descendues dans notre cabine, mémé me tenant toujours. On s'est installées. Mémé s'était acheté une robe du soir. Sa première robe du soir. J'ai dit bêtement : « Oh! on dirait une robe de pasteur! » et mémé a demandé : « Tu trouves? » avec un ton désolé. Je me serais giflée! Je l'ai embrassée comme si ça n'avait aucun rapport avec ma réflexion imbécile.

– Tu es contente d'être là?

– Très contente, mémé!

J'avais repéré qu'il y avait un autre enfant à bord. Un garçon de mon âge. Aussi, à la salle à manger, ses parents et mémé manœuvrèrent pour qu'on se trouve à la même table. On s'est tous présentés. Les parents de Jean-Pierre sont professeurs. Hum! Sachant mémé capable de tout, y compris de leur demander de me faire faire une analyse grammaticale au milieu d'un naufrage, ça m'a légèrement contrariée, mais le papa de Jean-Pierre a mis les choses bien au point :

– C'est les vacances! On parle pas boulot!

Très sympathique. Il y avait aussi deux filles, infirmières, à notre table. Et un vieux monsieur qui a dit qu'il était à la retraite de l'enregistrement. Tout le monde a eu l'air de comprendre. Dialectique.

Jean-Pierre, au premier coup d'œil j'avais su que je pouvais tout obtenir de lui. On sent ces choses-là, hein? Et, c'est drôle, dès qu'on les a senties, le garçon devient de moins en moins amusant. Mais je suis quand même bien contente de ne pas être le seul enfant du bateau.

Quand on a été couchées, dans nos petits lits de marins, on s'est mises à rire.

– Le roi n'est pas ton cousin! a dit mémé.

Et c'était bien vrai et on a chanté toutes les deux *Jean de Gonfaron,* fort et sans gêner personne parce que, dans un bateau, et surtout dans celui-là, on entend avant toute chose le bruit des machines. Et je me suis endormie en plein *Jean de Gonfaron* et j'ai cru que, moi aussi, j'étais prise par les corsaires qui m'emmenaient « boire l'allégresse » chez Mahomet mais, quand je me suis réveillée, il n'y avait ni corsaires, ni janissaires, ni Barbaresques, rien que la mer, toute la mer, et on a encore ri avec mémé parce que c'était l'heure du petit déjeuner, que nous avions faim et que c'était la preuve qu'on avait toutes les deux le pied marin.

C'est pendant l'exercice d'abandon du navire que j'ai découvert une chose épouvantable. D'abord j'espère que nous n'aurons pas à abandonner le navire car j'ai une ceinture de sauvetage tellement lourde que je suis sûre de couler à pic. Le papa de Jean-Pierre, lui, c'est encore mieux, il n'en a pas. Mais ce n'est pas ça qui m'a retournée. C'est ce que j'ai vu sur le pont inférieur. Il paraît qu'il y a trois classes sur le bateau. Que notre groupe occupe la totalité des seconde classe. Il paraît qu'il y a deux familles égyptiennes en première. Qu'est-ce qu'ils doivent s'embêter! Mais, ce que j'ai vu, ce sont les malheureux qui s'entassent dans le fond du navire.

Je crois que certains vont faire tout le voyage à la belle étoile. Ils sont allongés sur des ballots, des cordages, il y a des petits enfants qui pleurent, des bébés qui tètent des femmes qui ont l'air fatiguées, si tristes. Il paraît que beaucoup n'ont plus de patrie. Je me suis demandé s'il y avait des Espagnols parmi ces gens. Comme la vie est injuste...

– Eh oui, a dit le papa de Jean-Pierre, comme s'il m'avait entendue penser – il avait posé une main sur mon épaule et il regardait dans la même direction que moi. Eh oui, et nous approchons de la moitié du XXe siècle. Il n'y a pas de quoi être fiers.

A ce moment-là, sur le pont inférieur, un homme s'est mis à chanter. Et, peu à peu, ses compagnons se mirent à chanter avec lui. Et c'était tellement beau que nous aurions voulu chanter aussi mais nous ne pouvions pas car nous ne connaissions point cette langue, qui était le grec et qui avait l'air de venir du fond des âges et du fond de la mer. Et je disais merci à Dieu, aux dieux, de leur avoir envoyé la musique et la poésie qui permettent de dominer la dure réalité.

– Heureusement! dit le papa de Jean-Pierre qui venait, une fois de plus, de lire dans mes pensées.

Jean-Pierre a été très impressionné par ma conversation avec son papa. Jean-Pierre m'adore. Mais je le trouve très enfant. Je préfère le commissaire. Mémé a dit à la maman de Jean-Pierre :

– Vous ne trouvez pas que le commissaire a un genre épouvantable?

Et pourtant il lui a demandé, avec l'accent grec, si

tout allait bien pour elle et si elle était contente de sa cabine, du service, de la cuisine. Et il a ajouté :

– Est-ce que la demoiselle est contente d'être avec nous?

Les deux filles qui sont à notre table n'arrêtent pas de rire et de se parler à l'oreille. La blonde a déjà un coup de soleil sans merci et on lui voit des épaulettes blanches au milieu de sa peau rouge. Moi, impeccable. Il faut dire que je change de maillot quatre fois par jour. C'est un truc que Marcelle Auclair a donné à maman. Elle s'y connaît, elle dirige *Marie-Claire,* où il y a tout pour les femmes. A ce propos, il y a eu un dîner de gala et mémé a pu mettre sa robe du soir.

– Vous êtes splendide! lui a dit la maman de Jean-Pierre.

Mémé en a été très heureuse et elle a dit :

– Vous savez, c'est ma première robe du soir.

Et la maman de Jean-Pierre a eu les yeux brillants, brillants et elle l'a embrassée.

J'aime beaucoup ces gens. Je leur dois la liberté. Les deux premiers jours, mémé ne voulait pas lâcher ma main : « Ne te penche pas! Ne cours pas sur le pont! Attention, tu vas tomber! » puis ils l'ont rassurée et, maintenant, elle me laisse à peu près tranquille.

Ça m'a fait plaisir qu'elle ait eu du succès avec sa robe du soir. Et, au fond, sa robe, on n'aurait pas tellement dit une robe de pasteur, à part le rabat.

Je joue au ping-pong avec Jean-Pierre. J'ai un service très dur qui me vient de maman. Je joue aux cartes avec Jean-Pierre. Qu'est-ce que c'est bête! J'assiste aux conférences de notre accompagnatrice. Elle nous a dit hier :

– La danse, chez les Grecs, faisait partie de l'éducation nationale.

J'adore les Grecs! Et j'adore la mythologie grecque! Je trouve qu'on la comprend mieux, à bord, qu'en regardant les statues dans le parc de Versailles. Les statues, à Versailles, ont toujours l'air d'avoir froid. Ici, les dieux sont chez eux. J'espère toujours, en regardant la mer, voir jaillir la pointe d'un trident, voir ruisseler une chevelure d'algues sur des épaules immortelles... mais rien, jamais. Parfois un navire qui grossit nous croise ou nous dépasse. On se fait des signes, on se salue avec la sirène. Et j'ai le cœur serré quand je pense à tous ces gens si proches que je ne connaîtrai jamais.

Alors je mange. Je mange énormément à bord. Et Jean-Pierre encore plus que moi. Adonis, notre serveur, adore les enfants et nous gave de gâteaux grecs. Adonis est très gentil. Il est borgne et tellement laid qu'on a envie de l'aimer pour le consoler.

– Adonis est l'incarnation même de la délicatesse aristocratique du peuple grec, a dit le papa de Jean-Pierre qui lui a quand même demandé de mollir un peu sur la pâte d'amandes, le loukoum et les sorbets à la pastèque dont il nous bourre, sinon on risquait de « péter comme l'Etna ».

Qu'on a vu hier. Impressionnant.

J'ai entendu dire que les deux filles faisaient un vrai faridon avec les officiers. J'ai demandé à Jean-Pierre :

– Tu sais ce que c'est, toi, un faridon?

Comme ses parents ne voyagent jamais sans un dictionnaire – pas pour eux qui savent tout, mais pour lui qui ne sait rien –, il a cherché. Mais, mauvaise surprise : entre faribole et farigoule, là où il devrait être, pas de faridon! Faribole c'est : chose frivole. Farigoule, je le sais. C'est pas à moi qu'il faut dire ce que c'est que farigoule, je ne suis pas du Midi pour rien.

J'ai même pu apprendre à Jean-Pierre que monsieur Jules Romains, un grand écrivain de mes amis, s'appelait Farigoule dans son enfance... Et puis j'ai pensé que faridon c'était peut-être la même chose que java.

– Sorte de danse qui est une transformation de la valse, m'a dit Jean-Pierre le lendemain matin.

Il est vraiment très enfant.

D'autant plus qu'on n'a qu'à ouvrir les yeux. Les deux filles, c'est fini, on ne les voit plus jamais au petit déjeuner. A peine si elles ont l'œil ouvert à midi et encore, tout bleu dessous.

Faridon, quoi!

Il paraît que l'air du large rend amoureux.

Si j'en juge par moi...

A Athènes je tombai affreusement amoureuse d'un admirable Grec « digne du ciseau des plus grands » comme avait dit Iphigénie, notre guide, le matin même, en s'arrêtant devant les statues du Parthénon. Il portait un drapé antique retenu sur l'épaule par une broche d'or, une couronne de lauriers ceignait son front pur aux boucles blondes, son profil grec – évidemment – était une perfection artistique. Il vendait des cartes postales à la terrasse d'un restaurant où nous mangions des poivrons farcis avec ce que les touristes de la veille n'avaient pas voulu finir. Je le vis se découper soudain devant moi sur fond d'Acropole illuminée et je fus moi-même changée en statue, une feuille de vigne immobilisée dans ma bouche par la violence de l'émotion.

Je fis acheter trente-deux cartes postales par mémé.

– *Efkaristos!* disait le dieu en souriant.

Il devait être très gentil car il était aimable et gracieux avec tout le monde, en partant il caressa même les fesses du jeune serveur qui nous débitait les tranches de cette glace à la pistache qui dérangea si fort la moitié des passagers, ce qui fit que nous fûmes peu nombreux à pouvoir saluer la Crète de loin le lendemain matin.

Au Caire je fus sur le point de tomber affreusement amoureuse d'un chamelier qui portait un petit balai de jasmin derrière l'oreille. Je l'avais rencontré aux portes mêmes du désert vers lesquelles, délaissant notre groupe, je m'étais avancée. J'avais d'abord salué le Sphinx, créature fabuleuse, et puis j'avais vu que le désert était là, comme un océan de pierres et de sables... C'est alors que le chamelier avait fait son apparition. Sa robe flottait dans le vent chaud, il embrassa sa main, la posa sur sa poitrine et fit s'agenouiller son chameau, une bête qui avait des dents affreuses, à mes pieds, et il allait s'agenouiller lui aussi, c'était sûr, quand soudain son visage changea d'expression, je me retournai, pan! une gifle de mémé me rappela aux convenances, le chamelier s'évanouit comme un mirage et je restai sur le sable, pleurant de honte. Après cela, il me fallut monter jusqu'au sommet de la Grande Pyramide sous les coups d'ombrelle assenés sur mon derrière par mémé hors d'elle qui ne cessait d'informer nos compagnons de voyage et de gauche que nous n'avions jamais été des gens riches, certes non! mais que nous avions toujours été des gens honnêtes, certes oui! et qu'elle se demandait si elle n'avait pas eu tort de m'emmener, à un âge si fragile, dans des pays aux mœurs douteuses qui risquaient de me donner des goûts d'Orientale. En redescendant, le papa de Jean-Pierre l'assura que j'étais récupérable mais m'assura également que, si mémé ne m'avait pas giflée, il m'aurait donné avec plaisir une fessée sur le sable du désert.

– Faites-le! Faites-le! criait mémé en agitant son ombrelle, si bien que Jean-Pierre crut que son père allait me frapper et qu'il éclata en sanglots et que sa maman, furieuse, se mit à crier :

– Mais on est devant les Pyramides, zut! Et tout ce que vous trouvez c'est de vous donner en spectacle!

– Quarante siècles nous contemplent..., dit le papa de Jean-Pierre pour nous détendre avec cette boutade de Napoléon.

Il n'y avait pas que quarante siècles qui nous contemplaient mais un car d'Anglais morts de rire malgré le flegme. Ils prenaient même des photos et je dois tirer la langue depuis plus de quarante ans dans un album de voyage recouvert de chintz, au fond d'une villa de Bournemouth ou d'un cottage du Surrey.

Pauvre mémé, comme je lui avais fait peur! Elle se voyait déjà rentrant seule, comme Clytemnestre retour d'Aulis, et avouant à sa fille et à son gendre :

– J'ai égaré la petite sur le sable du désert...

Pauvre mémé qui venait de me faire un olympien cadeau en m'immergeant tout entière dans la Mer

Intérieure! Quel baptême! Comment avait-elle su, elle qui aurait tellement souhaité que je sois baptisée dans la religion de ses pères, comment avait-elle deviné que j'avais besoin de cette eau païenne? Pendant des années j'allais vivre de ce souvenir, de cet espoir, j'en vis peut-être encore aujourd'hui.

Thétis avait plongé son fils dans les eaux du Styx pour le rendre invincible. Mémé fit mieux, elle me plongea dans la mer de nos origines et me rendit vulnérable.

A Marseille, sur le quai, maman sanglote tellement que mémé porte une main à son cœur :

– Ma pauvre sœur est morte!

Mais non, tout le monde va bien, assurent mes parents qui sont livides. Tout va bien, ils nous ont simplement vus arriver.

« Je te parie un pastis qu'elle viendra pas à quai, cette ruine! disaient les dockers. Vois-la qui se couche, cette barcasse. Même si on la lui donnait, la marine suisse en voudrait pas pour promener ses vaches! *Cairo-City,* je croyais qu'il avait coulé la semaine dernière... Peuchère, si j'avais quelqu'un à bord de cette épave, je serais déjà en deuil. »

On s'était quand même rangés le long du quai après avoir embouti un remorqueur, faussé une hélice et troué la coque.

A peine assise dans Modestine, mémé prit sa lyre et commença le premier chant de ce qui devait être notre Iliade et notre Odyssée et nous roulâmes vers Nîmes et sa pauvre sœur.

Je l'écoutais avec reconnaissance et émerveillement. Nous n'avions pas du tout vu les mêmes choses et, grâce à son lyrisme, je me sentais partir pour un autre voyage. Papa, dont les mains tremblaient encore sur le volant, disait que, s'il avait vu le bateau le jour de l'embarquement, il ne nous aurait jamais laissées partir. Avec mémé on a ri. On ne risquait plus rien! On était « heureux qui comme Ulysse », tout simplement.

Le temps d'embrasser la tante Marguerite, de se faire rituellement les dents sur un croquant Villaret et de déguster une brandade et nous étions déjà en route.

– Allons saluer le Saint Signal! dit papa.

Et nous voilà partis pour la Fontaine de mes premières années. Il y avait bien longtemps que je n'y étais pas venue et c'était vraiment beau, ça continuait bien mon voyage...

– « ... Les quelques ruines d'un temple de Diane inclinent leurs voûtes à demi écroulées, dans le même sens que les pins qui les dominent », a dit papa.

Et maman a souri en ajoutant :

– Vous oubliez : « Une fontaine, lourde d'algues d'eau douce, remonte sans tourbillons d'un gouffre bleu. » Tiens, regarde ce « gouffre bleu », Frédérique. Quand j'avais ton âge, je venais voir mon papa plonger tout au fond pour aller chercher de vieilles pierres. J'avais toujours peur qu'il ne soit retenu dans la grotte des naïades!

Comment imaginer maman, petite fille, assise sur les marches du temple, attendant le remous annonciateur d'un papa mort des années avant ma naissance? C'est là que dut m'effleurer pour la première fois l'idée que mon grand-père Félix n'était autre que le dieu Némausus. Idée qui devint une certitude pendant l'hiver 39-40 quand je comparai les représentations du dieu et les photographies de mon pépé.

Puis nous montâmes vers la Tour Magne dans des odeurs que je qualifiai de grecques, et il paraît que c'était normal à cause des origines de la colonie. Et là, qu'est-ce que j'apprends? Que le voyage que je venais de faire en Grèce et en Égypte, c'était un voyage aux sources mêmes de Nîmes! Quand je pense que j'aurais pu manquer ça! Et nulle part ailleurs, dans toutes les Gaules, on ne trouvait autant d'inscriptions grecques que chez nous. On a cherché mais on n'a pas eu de chance parce que tout est dans les musées à cause des voleurs. Et puis, au détour d'un laurier-rose, on est arrivés devant la Tour qui est très, très vieille. Plus vieille que tout, plus vieille même que les vétérans des armées d'Égypte qui nous ont policés, et papa a dit un poème, en provençal d'abord pour la tradition, puis en français pour que rien ne m'échappe :

Sont morts les beaux diseurs
Mais les voix ont sonné.
Sont morts les bâtisseurs
Mais le temple est bâti.
Aujourd'hui peut souffler
La bourrasque du Nord :
Au front de la Tour Magne
Le Saint Signal est fait.

Ce sont des vers de Frédéric Mistral et il paraît que c'est en son honneur que je m'appelle Frédérique. J'ai vraiment beaucoup de chance! Et quelle chance aussi d'être née à Nîmes, en pleine Antiquité!

Nous roulons vers Saint-Tropez où nous avons rendez-vous avec Pierre et Odette Bost. Ce sont de grands habitués de Saint-Tropez qui est, me dit papa, le pays natal de « Lou Baile Sufren, que sus mar coumando ». C'est encore Mistral qui a écrit ça, j'aime bien, on croirait entendre claquer le vent dans les voiles. Je ne sais pas comment c'était quand le Bailli commandait la flotte du roi de France, mais aujourd'hui c'est vraiment mignon. Les femmes sont très jolies, très bronzées. Un peu moins bronzées que moi, évidemment, puisque moi j'arrive des sables du désert et des vents du large. Mais ce qui m'a le plus épatée, c'est Odette qui porte un grand chapeau, des lunettes de soleil et refuse le hâle. Il paraît même que Pierre a écrit un article contre le soleil! Comme Odette est très belle et qu'elle est digne du ciseau des plus grands, elle a l'air d'une statue de marbre et on finit par ne plus voir qu'elle. Pourtant il y a des dames splendides! Avec des shorts, des pyjamas, des dos nus satinés d'Ambre Solaire, des doigts de pieds peints qui ont l'air de fleurs... Vieillir, vieillir, vite! Ah! une autre chose qui m'a semblé vraiment chic, c'est une dame qui est arrivée à la terrasse de Sénéquier vers cinq heures de l'après-midi, l'air pas réveillé.

– Je me lève, dit-elle.

– La sieste?

– Non, je me suis couchée un peu tard...

Et, quand Pierre Bost lui a demandé si elle voulait « boire un drink », elle a dit :

– Oui, un vichy.

Et elle a rappelé le garçon qui s'en allait et lui a dit :

– Tiède.

Beurk! Mais qu'est-ce que c'est chic!

Maman et Odette sont allées chez le parfumeur à côté de l'hôtel Sube pour acheter des produits pour et contre le soleil. C'était la première fois que j'entrais dans une parfumerie et j'aurais tout mangé! Le monsieur a été très aimable avec moi, il m'a donné des échantillons : Madame Peau Fine de Caron, dans un petit sachet transparent! Crêpe de Chine de Millot, Arpège de Lanvin...

– Elle est bien petite, a dit maman.

– Oui, mais elle promet! a dit le monsieur. Je prépare mon avenir!

Et il a ajouté un pot de cold-cream, grand comme mon ongle.

A peine dehors, maman attaque :

– Je ne veux pas que tu t'en serves, tu es trop grande.

Je me suis permis un peu d'impertinence :

– Je suis trop petite ou je suis trop grande?

– Tu es trop petite pour t'en servir et trop grande pour t'en amuser.

– Ne t'inquiète pas, m'a dit Odette pour me consoler, le temps passe plus vite qu'on ne le croit.

Je me plais dans cette station à la mode. C'est plein de gens que je ne connais pas et qui sont tous célèbres. J'aurais bien voulu voir madame Colette parce qu'on m'a dit qu'elle aimait beaucoup les chats. Mais elle ne se montre pas. Elle reste dans sa maison à écrire des livres. Nous sommes passés devant en ralentissant mais on n'a rien vu. Il paraît que ses yeux sont très beaux et ses pieds nus.

Nous ne pouvons pas habiter à Saint-Trop (c'est comme ça qu'il faut dire), parce que c'est plein à craquer. Alors on va dans un hôtel trop cher pour nous, au Rayol. On n'y restera que cinq jours. Dommage. Épatant, l'hôtel. Des terrasses, des fleurs, des cigales et, tout en bas d'un immense escalier, la mer.

Le premier matin, papa et maman partent en pédalo,

« amuse-toi bien, ne t'éloigne pas, sois sage, à tout de suite », et moi je reste, désœuvrée, à côté du plongeoir et alors, là, je ne sais pas si c'est encore le vent du large mais je tombe affreusement amoureuse d'un athlète magnifique. Bien sûr, il est déjà âgé... Il doit avoir dix-huit, dix-neuf, vingt ans de plus que moi... Au moins... Beau comme il est, il doit avoir une femme avec lui... Au moins... Je le surveille sans en avoir l'air quand il sort de l'eau. Il est seul! Il est peut-être veuf? Tant pis! Il a peut-être été abandonné? Tant mieux! Je suis là! J'ai remarqué qu'il a une cicatrice blanche dans son hâle impeccable. Comme une étoile sur la poitrine. Il est peut-être malade? Quelle chance! Je le soignerai!

Je rêve de lui en montant l'escalier, je rêve de lui en me lavant les mains et en passant ma robe de toile citron, très flatteuse, je rêve de lui en entrant dans la salle à manger où je le cherche des yeux...

C'est un curé!

Je vous parle d'un temps où les curés portaient la soutane. Carrément. Pas la petite croix discrète en coin de bermud', pas le côté Cardin de sacristie pour messe amusante. Non, la soutane. Bien noire, bien épaisse, trente-trois boutons, huis clos.

Il était là, debout devant son melon au porto, se signant et bénissant le repas, et le silence était tombé sur la salle à manger. Bouleversée au nom du Père, chavirée au nom du Fils, j'étais prête à abjurer au Saint-Esprit.

– Ne mange pas ton melon avec les doigts! s'indigna maman qui était loin de se douter que ma vie était brisée.

Je me serais bien noyée mais il aurait fallu ne pas savoir nager. Et je pensais à Darling, à la danse, je n'avais pas le droit de mourir. Mais l'après-midi me parut long.

– Tu viens jouer? me demanda un petit garçon qui pelait.

Lamentable. Même pas répondu.

En remontant de la plage, est-ce que je ne trouve pas mes parents qui boivent des jus de fruits dans le jardin, à tu et à toi avec le curé? Je croyais que quand on était protestant on ne leur parlait jamais. Et puis, je me suis dit que ce curé-là il devait être intellectuel. En tout cas, je suis devenue écarlate comme dans la chanson : « ... notre superbe drapeau rouge, rouge du sang de l'ouvrier ».

– Quel coup de soleil! a dit papa. Tu n'as donc pas de chapeau? Allez, viens dire bonjour à l'abbé!

L'abbé. Il me tend la main. Vais-je survivre? Il a la main de Tarzan, une main bronzée, surhumaine, franche et douce à la fois. Et il me sourit de ses trente-deux dents blanches, impeccables.

– J'ai déjà vu votre fillette au plongeoir, ce matin.

Fillette. Voilà un mot que je déteste!

Fillette. Ça va pas, non?

Fillette. Je ne serai jamais catholique! Et, tant pis pour lui, je ne l'épouserai pas, ce curé!

Personne ne devait l'épouser.

Il venait de laisser un poumon en Espagne. Étoile blanche à sa poitrine, il portait déjà le signe de son destin, comme une décoration vivante.

– Je suis guéri! disait-il avec un sourire heureux et mes parents lui rendaient son sourire et je découvrais avec stupeur que c'était un sourire d'amitié.

Un curé...

Le lendemain, il retournait vers les Brigades internationales comme on court à un rendez-vous d'amour. Il y retrouverait le fracas de la mauvaise rhétorique de la mort...

Mais la mort l'attendait plus loin, au fond d'une baignoire, dans une autre guerre où il sut garder les lèvres serrées sur les noms de ses camarades jusqu'au silence éternel.

Son nom à lui? Je ne sais pas, je ne sais plus. Mais ce que je sais, c'est que, le jour où je le retrouverai au-delà des portes du temps, je le reconnaîtrai.

L'Espagne, c'était un couteau planté dans leur cœur.

J'en eus la preuve quelques jours plus tard dans un hôtel proche de Chamonix où nous étions venus embrasser les Kayser avant de regagner Versailles.

Cet hôtel était encore plus chic que celui que nous venions de quitter. Chez le concierge, chaque clef ouvrait sur un nom célèbre, illustre ou fameux. L'hôtel était plein d'écrivains et d'artistes, mais je voyais bien qu'ils étaient très différents de mes intellectuels de gauche. Et, parmi eux, il y avait François Mauriac. Je savais qu'il était « un grand écrivain catholique », je savais aussi qu'avec mon père « ils ne se parlaient pas », eh bien, sous mes yeux, sur le perron, ils se sont tendu la main. A cause de l'Espagne. Et tout le monde, Jean-Louis Vaudoyer, Louis Joxe, Pierre Bertin, Jacques Kayser, et d'autres « personnes de qualité », comme aurait dit Molière, qui se trouvaient là disaient que c'était bien.

On a même couché tous ensemble, une nuit, grâce à mon oncle Max qui nous encorda et nous emmena au refuge Albert Ier après la traversée de séracs prodigieux. Nous avions heureusement laissé à l'hôtel l'énorme madame Édouard Herriot, il aurait fallu la hisser avec un palan. Il y avait des puces, pas de draps, des couvertures trouées sur des paillasses douteuses. Le soir était tombé très vite et on avait mangé des choses infâmes dans des gamelles. Tout avait goût de pétrole. Le lendemain, à l'aube, avec l'eau du glacier, on a fait du café dans les gamelles de la soupe. On se grattait tous. Puis on est redescendus en chantant « cèzunp'tit cordonnier! » et le portier a failli nous refuser l'entrée tellement on avait changé.

Moments heureux...

Claude Mauriac a évoqué cette rencontre :

« J'aime le visage buté, tendu, franc d'André Chamson », dit-il dans son journal du moment et, trente-huit ans plus tard, il écrivait :

« Aucun autre souvenir que celui, vague, de mes lunettes oubliées. Pas la moindre trace de ce qu'était l'intérieur de l'hôtel, nos chambres. Dans une salle à manger abstraite, des ombres de tables. Mais André Chamson, qui devait tant compter dans ma vie et avoir une influence décisive sur moi, me demeure présent, visible, sur ce fond neutre, et je crois encore l'entendre. »

Et me demeure, présente, visible, et je crois encore l'entendre, ma mère, insolente et superbe devant madame Herriot qui venait de qualifier le Front populaire de « parti des étrangers »!

– Sans le « parti des étrangers », madame, votre mari serait mort et vous n'en vaudriez guère mieux!

Maman? Ma maman si courtoise et gracieuse transformée en furie? Je savais pourquoi. C'était à cause de l'Espagne.

Et chacun de nous, prévenu ou inconscient, chacun de nous s'en allait vers le rendez-vous.

Et chacun de nous allait passer par les épreuves et les joies qui lui avaient été préparées.

Petite fille solitaire, je ne savais pas qu'une défaite me livrerait mes parents.

Petite fille heureuse, j'allais avoir un chien et je ne savais pas qu'il serait le compagnon d'une longue guerre.

Il avait été court le temps des farandoles.

Septembre 1938, Daladier revenait de Munich, triste sous les bravos des mères.

Novembre 1938, *Vendredi* cessait de vivre.

Le 26 janvier 1939, Barcelone était prise par les troupes de Franco, le 1er mars, c'était Madrid.

Madrid que bien resistes...

Nous avions tous perdu la guerre d'Espagne. Avec les muchachos, avec Jésus le manchot, avec les poèmes de Federico Garcia Lorca. Malgré les prières et le courage du curé-soldat qui était bien seul devant les cohortes de curés et de soldats aux prières ennemies.

C'était la première victoire d'Hitler.

Quant au Front populaire, on ne put même pas écrire une date sur sa tombe. Il se dilua comme s'évanouissent les espoirs déçus.

Et, malgré tout, j'avais confiance.

J'avais décidé que les Incorruptibles seraient plus forts que la guerre.

Plus intelligents.

Et, le jour où, dans la beauté et la gloire de l'automne

cévenol, mémé m'annonça, au milieu de ses larmes, que la guerre était déclarée, je refusai de la croire.

Il fallut bien.

La paix disparaissait à des millions d'années-lumière de notre galaxie et le gouffre dans lequel nous étions entraînés ne recevait pas d'autre lumière que celle du soleil noir d'Hitler.

Nous ne prîmes pas congé les uns des autres. Ni au lycée, ni dans le salon des décabristes. Il n'y eut pas même un baiser sur la joue pure de Marie-Geneviève. Il y eut la guerre. Sans adieux.

Ce manque de convenances m'afflige encore... Alors, parfois, au creux de la nuit, je vais vers eux. J'allume une bougie, je pousse des portes de poussière, je marche le long de sombres couloirs tapissés de livres et j'arrive sur le seuil d'un salon blanc... Il me suffit alors de m'enfoncer dans la nébuleuse d'un miroir terni pour traverser le temps...

Ils sont là.

Tous unis comme avant les déchirures. De nouveau camarades « pour assurer la paix humaine ».

– Semons la gué! dit Louis Guilloux et personne n'est fâché, ni monsieur Gide, ni André Wurmser.

Et personne n'est mort.

Et Jean Prévost éclate de son rire joyeux pendant que Jean Guéhenno rallume sa pipe en souriant. Et il y a avec eux un très vieil Incorruptible que tout le monde traite avec de grands égards, son nom est Romain Rolland, et il dit à papa :

– J'admire l'humanisme sacré qui anime toute votre vie.

C'était peut-être ça leur secret?

C'était peut-être ça qui les avait fait se lever tous ensemble?

C'était peut-être ça qui leur avait donné, à ces pacifistes, la force de se battre?

L'humanisme sacré.

– Et puis il y a une autre chose qu'il ne faut pas oublier...

La voix sourde de Malraux prend possession de nous. Il est assis sous le portrait de la petite duchesse de Bourgogne, Minette est sur ses genoux, belle et immobile comme une pharaonne car elle sait que les chats sont des dieux, il le lui a dit, et elle l'écoute, oreilles triangulaires tendues, et nous l'écoutons tous, et tout le monde se tait car il a prononcé le mot magique.

Il a dit :

– L'espoir...

LA CITOYENNE

LES ABEILLES

« Ah! comme j'aurais voulu aller danser, hier soir à la Bastille! »

11 mai 1981 au matin, c'est maman qui me téléphone. Elle a la voix triomphante de la jeune femme de 1936 qui hissa sa petite fille sur les épaules de son mari pour aller défiler. Elle a une voix pleine d'espoirs et de lendemains qui chantent. Je me sens beaucoup plus vieille qu'elle au bout du fil.

Danser maintenant?

L'overdose politique qui m'a été balancée de 34 à 39 à une époque où mes os n'étaient pas encore formés m'a laissé des séquelles sérieuses. Près de quarante-cinq ans ont passé depuis ce 14 juillet où je me sentis être la petite chèvre du Front populaire. Je suis restée fidèle au sel de la Terre mais je ne peux plus défiler, manifester, signer des pétitions, donner mon nom, soutenir, brandir... Et je vois des gens défiler, manifester, soutenir, brandir et, brusquement, renversant la vapeur, les voilà qui défilent dans l'autre sens en me disant qu'il faut savoir évoluer dans la vie. Et ils ajoutent que je ne sais pas prendre mes responsabilités et qu'il serait temps, à mon âge, d'avoir enfin un discours politique, comme ils me diraient : achète un chien!

Mais J'AI un discours politique! Collé à moi comme un credo secret et éclatant, et, au risque de faire rire ou d'aller en prison, je le confesse : j'aime la France, j'aime la République et, si vous le permettez : la Nation. Comme j'aime le Créateur. Sans aller à l'église. Ni catholique, ni protestante, ni de droite, ni de gauche, pour moi, tout ça, c'est fini depuis la cour de récréation du lycée de Versailles. Je suis allergique aux étiquettes comme un ancien alcoolique à la bouteille. Je ne milite pas pour un parti mais pour la vie, je suis libre, je le sais, je l'ai lu dans la Déclaration des Droits de l'homme, et l'état de liberté est un état magnifique. Enfin, comme l'objectif de la ruche m'a toujours paru être le miel, pour jouer mon rôle dans la cité, je travaille. Beaucoup. Je ne suis pas devenue danseuse et pourtant je suis heureuse. Je suis écrivain, j'ai été comédienne et je joue encore la comédie de temps en temps. Comme en ce moment. Je suis heureuse parce que danser, jouer, écrire, c'est la même chose. Le rythme. Le miel.

Il est très tôt en ce 11 mai 1981 au matin et je quitte déjà la maison. Tout à l'heure je m'envole pour Nîmes avec Serge Friedman et une équipe de la S.F.P. Le film est presque fini. Encore une semaine en Camargue et *Adieu ma chérie* sera dans la boîte.

Il est très tôt mais je dois partir. Quelle allégresse en ces aurores où l'on se prépare à faire son métier! Où l'on devance le soleil pour lui dire : « Tu vois, je suis prête avant toi! » Quelle force puise-t-on dans ces fatigues! Quel goût a la naissance du jour! Il est très tôt mais je suis déjà partie : j'ai rendez-vous avec les abeilles.

Les abeilles... Nadine, Françoise et Anne-Marie, tout le monde les appelle « les abeilles » sur le plateau.

Depuis un mois, mes journées commencent et finissent entre leurs mains. Nous devons tourner deux scènes à bord de l'avion, aussi avons-nous rendez-vous à Roissy niveau départ. La direction de l'aéroport met un cagibi à notre disposition pour me préparer. Le luxe! Quand on tourne en extérieur, la voie publique fait souvent office de loge. Quelle est la comédienne qui ne s'est pas retrouvée en soutien-gorge dans la salle des coffres-forts d'une banque, en chemise de nuit transparente au milieu d'un cimetière, le comédien qui n'a pas attendu, en caleçon à fleurs, sur un trottoir?... Nous sommes des bohémiens et parfois les braves gens se demandent si nous sommes vraiment respectables. Tant mieux pour le rêve!

Me voici prête à cuire et, quittant le cagibi à la hâte, nous courons, les abeilles et moi, le long des couloirs de l'aéroport, nous nous étouffons avec un sandwich et, toujours courant, avalant un coca, nous gravissons la rampe du satellite, encombrées de bagages à main, halant de gros sacs en bandoulière, toutes les quatre vêtues de cottes de mécanicien pastel par Adolphe Lafont, le couturier des abeilles, et nous courons encore avant et après le contrôle de police et jusqu'à la salle d'embarquement où nous rejoignons l'équipe, trente-deux gros baisers, deux par personne, et, de nouveau, les braves gens se demandent si nous sommes vraiment respectables.

Je ne puis répondre à cette question mais ce que je sais c'est que nous sommes bien ensemble.

Bonheur fragile. Car ce tout petit voyage aux allures de fête annonce la séparation. Je sais déjà à quel point je vais être triste le dernier jour. D'autant plus triste que nous avons été très heureux. C'est ça la vie des bohémiens, le temps d'un film, d'une pièce, on ne se quitte pas et puis, quand le travail est accompli, quand l'œuvre est faite, c'est la diaspora.

Serge est l'un des frères que m'a donnés le métier et, depuis dix ans, avec ou sans film, notre amitié trace son arabesque. Je le reverrai bientôt. Mais les abeilles? Mais l'équipe? Nous avons tout partagé, le thé de l'après-midi, le vin et le saucisson des fins de journée, bien sûr, mais, avant tout : le film.

Et puis nous avons partagé autre chose.

La campagne pour les Élections Présidentielles.

Évidemment.

Le climat aurait pu devenir celui de l'affaire Dreyfus. Tous les éléments étaient là. Mais ni le thé, ni le vin, ni le travail ne devaient être troublés par la discorde.

Du reste, au début du tournage, nous n'avions pas parlé politique. Il fallut qu'un soir un carton apparaisse sur le petit écran : « André Chamson soutient la candidature de François Mitterrand », pour que, le lendemain, un débat soit lancé sur le plateau.

L'Incorruptible était fidèle à *Vendredi*, au Front populaire, à sa jeunesse, et brusquement les questions pleuvaient sur moi.

– Et toi?

Moi? Je racontais mon enfance militante, ma Foi tombée avec Madrid, mes doutes, mon horreur des idéologies... « Apolitique », disaient les uns. « Dépolitisée », disaient les autres. « Vaccinée! » déclara quelqu'un. Peut-être, mais en tout cas pas indifférente, et quand, quelque temps plus tôt, Monique Pelletier m'avait téléphoné pour me demander de figurer sur la liste de soutien de Valéry Giscard d'Estaing, j'avais dit non. Ce coup de fil m'avait d'ailleurs infiniment surprise car c'était la première fois, en sept ans, que le président s'intéressait à moi.

Non, pardon, je suis injuste : j'avais reçu, deux ou trois ans plus tôt, un carton de l'Élysée. Très beau papier, gravure de classe. Le carton était adressé à « Monsieur Frédéric Hébrard » et invitait ce monsieur, en sa qualité d'auteur pour les petits (!), à se rendre au Château pour un goûter enfantin.

Craignant que monsieur Frédéric Hébrard ne passât pour un goujat si ce carton restait sans réponse, je répondis pour lui en demandant qu'on l'excusât, ce pauvre homme, de ne point exister, seul empêchement permettant de décliner sans grossièreté l'invitation d'un chef d'État.

Ce goûter fit les délices de mes proches. A la maison, on ne m'appelait plus que « Monsieur », et mon mari, familier : « Mon petit bonhomme. »

Vous jugerez donc de la stupeur du petit bonhomme quand il reçut un coup de fil du ministre. Il y eut un grand silence que je parvins à rompre par une question :

– Mais pourquoi?

Je n'arrivais pas à comprendre comment, brusquement, mon nom pouvait avoir une signification pour le président. Madame Pelletier me l'expliqua avec une telle gentillesse, une telle conviction que je crois bien que je l'aurais soutenue si elle avait été candidate. Mais il n'était pas question pour le moment d'une femme avec qui je me sentais de multiples affinités mais bien de Valéry Giscard d'Estaing. Au fond, j'aurais dû y aller à son goûter enfantin... Je lui aurais dit : « Je ne suis pas celui que vous croyez », ensuite je lui aurais raconté bien des choses et peut-être tout simplement mon chagrin. Dommage. Parce que, honnêtement, pendant sept ans, je m'étais sentie ignorée et méprisée par le pouvoir, et comme individu et comme écrivain solidaire des autres écrivains.

Madame Pelletier me répondit que tout cela allait changer.

Parole prophétique.

Non, l'overdose, en paralysant certains centres, ne m'avait pas rendue indifférente. J'étais toujours aussi attentive que la petite fille du placard, aussi vulnérable qu'au sortir de la mer latine et peut-être encore plus émerveillée.

Depuis un mois, j'écoutais passionnément les abeilles. Elles étaient entrées dans ma vie à des moments divers. Anne-Marie, l'habilleuse, au début de ce film, Françoise, la coiffeuse, depuis bientôt dix ans. Quant à Nadine, j'avais fait sa connaissance et celle de Jacques, son mari, pendant le tournage de notre premier feuilleton : *Comment ne pas épouser un milliardaire.*

Visage immobile sous ses pinceaux, je l'écoute. L'autre jour, en poudrant mes paupières, elle m'a dit :

– Quand j'ai été si malade...

J'ai saisi sa main légère :

– Tu as été « si » malade?

– Oui! ferme les yeux, je n'ai pas fini... Oui, quand j'ai été si malade...

– Mais je n'ai rien su!

– A quoi bon? Il fallait d'abord guérir. Si je t'en parle, c'est parce que ça m'a fait comprendre bien des choses...

Les yeux fermés, je me tais.

– On dit : je reviens de loin... Et c'est vrai. C'est un pays étranger, la maladie.

Je devine le nom de ce pays, je devine le miracle du retour... et elle devine ce que je ressens, elle qui a des yeux et des oreilles au bout de ses doigts.

– Toi aussi tu as changé, poursuit-elle. Je crois que la

vie, au lieu de nous durcir, nous a rendues plus tendres.

– Tendre, vous? dit Françoise qui est facilement farceuse. Je crois que je vais avoir un malaise!

Anne-Marie, qui range des robes, éclate de rire.

– Tu les entends? me demande Nadine qui rit aussi. Elles sont monstrueuses! Allez, tu peux ouvrir les yeux, c'est fini.

Mais elle reste devant moi, ses pinceaux à la main, et je sens qu'elle a autre chose à me dire.

– Je ne t'ai jamais parlé de papa... Je ne pouvais pas en parler... jamais, à personne. Et puis, un matin, je me suis réveillée, c'était après ma maladie, et j'ai accepté de me souvenir...

C'est ce jour-là qu'elles m'ont parlé de leur guerre. Guerre de petites filles. Mais qui devait marquer toute leur vie. Pour Françoise, ce fut une ferme du Lot où chacun résiste, meule de paille sur une poudrière, en souvenir du père tué en 40. Pour Nadine, l'horreur commence pendant l'Occupation et se confirme après la victoire. A chaque fête nationale, dans la préfecture de son enfance, ses sœurs et elle mettent leurs plus belles robes. Monument aux morts, gerbe de glaïeuls, odeur d'eau de lavande dans les cheveux, *Marseillaise,* baiser du maire ou du préfet, maman pleure... Papa n'est jamais revenu de déportation.

– Comme monsieur Oppenheimer, dit Françoise.

Comme monsieur Oppenheimer, mon Allemand, mon juif, mon maître bien-aimé, arrêté par les nazis en 41, au lycée de Montauban.

Anne-Marie, qui est toute jeune, nous regarde comme si nous évoquions la guerre de Cent Ans.

– Je vais vous faire du thé, dit-elle.

Chères abeilles, premières lectrices de *La Chambre*

de Goethe qui vient de sortir, comme je vais avoir mal en vous quittant!

A bord nous avons réussi à nous asseoir toutes les quatre ensemble comme pour une belote.

– Mes petites, déclare Françoise, nous voilà au pouvoir! Il était temps!

– Vous savez, hier soir, quand Jacques a entendu les résultats, il s'est mis à pleurer... Il a commencé à travailler à l'âge de quatorze ans. Alors, hier soir... – Nadine rit pour rattraper son émotion –, il m'a dit : « Dommage que tu partes demain matin si tôt, je serais bien allé danser à la Bastille! »

Comme j'envie cette joie sans mélange! Comme j'aurais voulu pouvoir poser la main de maman dans celle de Jacques pour leur faire ouvrir le bal!

Je ferme les yeux tandis que l'avion s'arrache du sol. Je pense aux décabristes de Versailles, à leurs espoirs, à leurs échecs... « *Vendredi* paraît vendredi et tous les vendredis paraîtra *Vendredi.* » Des dimanches de l'espérance présidés par la petite duchesse en satin blanc, il ne reste plus qu'André Chamson et André Wurmser qui puissent encore se souvenir et réciter le serment du Front populaire. « Nous faisons le serment solennel de rester unis... » Tous les autres sont morts.

Anne-Marie pose sa main sur la mienne et j'ouvre les yeux. Elle me tend des bonbons à la menthe qu'elle a achetés, toujours courant, au tabac de Roissy. Les voyants lumineux viennent de s'éteindre, les sièges se renversent.

– Ce serait bien si on partait loin, loin, longtemps,

longtemps, si on se retrouvait toutes les quatre pour un grand, grand tournage, dit Françoise.

– Le feuilleton de Louis et Frédérique, par exemple...

– Raconte!

– Ça s'appelle comment, d'abord?

– *Le Commandant Lagarde.*

Un titre futur et le rêve passe...

– *Le Commandant Lagarde,* répète Françoise, le regard au loin comme si elle suivait un bateau sur la mer.

– On embarque?

– Si vous avez le pied marin...

Si elles ont le pied marin? Misère, qu'est-ce que j'ai dit là! Mais elles ont habillé le Bailli de Suffren dans la tempête, coiffé les révoltés du *Bounty* dans un cyclone, maquillé les dames du *May Flower* en plein naufrage, poudré la perruque de Nelson dans un canot de sauvetage, nagé vers la côte avec un pinceau entre les dents, sauvé le capitaine et le mousse, elles ont tout fait, elles sont capables de tout, elles sont les meilleures! Est-ce que je ne le sais pas?

Oh! si, je le sais! Et ce que je sais aussi, c'est combien j'aime la chaleur somptueuse, misérable et troublante de nos roulottes. Quand on a l'habitude de la solitude face à une page blanche, vierge, nue, vide, on apprécie d'autant plus les abeilles. Et cet instant magique où le monde s'arrête de tourner parce que, justement, « on va tourner ». Comme en ce moment où des lampes s'allument, où des gens bougent dans l'avion devenu studio. On m'assied entre un monsieur et une dame qui veulent bien jouer pour nous leurs propres personnages de passagers.

– A quand le prochain feuilleton? me demandent-ils.

– C'est pour bientôt, dit Nadine en leur donnant un petit coup de poudre sur le nez, et si vous avez le pied marin : on embarque!

Un clin d'œil de Michel derrière sa caméra, un sourire de Jojo qui tient le clap, Gilbert dirige un spot sur nous. Serge me prend la main :

– C'est tout simple, tu dors, tout va bien et tu as l'air heureuse.

C'est vrai que c'est tout simple. C'est vrai que je suis heureuse. A huit mille pieds d'altitude. Nous devons approcher des Cévennes. Nous passerons peut-être à l'aplomb des Bressous, de ma vieille tanière de camisards. Le silence ronronnant de l'appareil me berce. C'est tout simple. J'ai de la chance.

On double la prise puis je vais me changer dans les minuscules toilettes pour le second plan. C'est en revenant que j'entends notre chef de production dire à l'hôtesse :

– J'offre le champagne à l'équipe en l'honneur de la victoire de la gauche. Vous serez gentille, si certains refusent, de me le signaler.

– Bien, madame, a dit l'hôtesse, le ton neutre mais l'œil vif.

Je suis allée me rasseoir. Mes partenaires bénévoles avaient changé mais ils étaient aussi sympathiques que les premiers.

– C'est encore tout simple, m'a dit Serge, mais cette fois tu ne dors pas et tu as l'air malheureuse.

Tout simple.

– Eh! pas trop malheureuse quand même! dit Serge. On dirait que tu viens d'apprendre une mauvaise nouvelle! Non : juste un peu inquiète...

Le plan fini, on coupe les lumières et le studio volant redevient un avion. Le champagne circule. J'ai regagné ma place, songeuse...

« Vous serez gentille, si certains refusent, de me le signaler. » Qu'est-ce que ça veut dire? Est-ce pour dresser une nomenclature? Pour savoir quels sont les opposants au régime? Faut-il dire : « Je me réunis »? Nous étions si camarades... C'est comme ça que ça commence, la liberté?

« ... si certains refusent, de me le signaler... »

Mais pourquoi?

– Tu ne bois pas? demande Nadine qui me sent hésitante.

– Tu ne trinques pas avec nous? s'étonne Françoise.

Anne-Marie me regarde et lève son verre.

Et je lève le mien. Aux abeilles de la République, à la République des abeilles. A mon pays, à mon insubmersible pays. Quant à François Mitterrand, pourquoi ne lui ferais-je pas confiance? La droite peut dire ce qu'elle veut, un homme qui a le même éditeur que moi ne peut pas être entièrement mauvais.

Je me suis réveillée avant l'aube.

La sauvagine de poil et de plume commençait à s'agiter au bord de l'étang, relayant les bêtes de nuit à l'approche du lever du soleil.

Âme éternellement renaissante,
âme joyeuse et fière et vive
qui hennis dans le bruit du Rhône et de son vent!

s'émerveillait Mistral et, malgré les efforts des hommes, la Camargue reste mystérieusement vivante. Renaissante.

A travers la moustiquaire de fin grillage j'aperçois un ragondin qui me devine et plonge, petit sous-marin dodu. Quelque chose bouge dans les roseaux, coasse, se gonfle, se tait. Deux flamants qui ne seront roses qu'au lever du jour s'abattent souplement sur un îlot de boue. Un oiseau rapide, si vif que je ne puis savoir qui il est, pêche en plongeant du bec, comme par jeu... Je sors sur le carré de grève herbue qui sépare ma chambre de l'étang des Launes et c'est l'affolement parmi la faune. Pas longtemps, il suffit de rester immobile, de se faire oublier pour que la nature revienne et vous accepte. Un cheval souffle des naseaux dans l'écurie proche, un autre lui répond en s'ébrouant. L'air sent la fraîcheur, le romarin, la menthe poivrée, le crottin et le sel. L'odeur que durent respirer les passagers de la barque qui portait la Parole en Occident et qui aborda sur ce rivage il y a près de deux mille ans...

Mille neuf cent cinquante ans très exactement, si j'en crois la légende des Saintes-Maries.

Comme le temps passe! Quand je pense que mémé aurait plus de cent ans si elle était encore de ce monde...

Mémé...

Il y a longtemps que je ne t'ai rien raconté. Sais-tu pourquoi? Je ne t'ai rien raconté parce que j'ai été heureuse. Ça occupe. Ça inquiète. Ça fait peur. Tu sais comme moi, et mieux que moi puisque tu connais le dernier mot, tu sais mieux que moi de quels fils douloureux et fragiles on tisse le bonheur.

Le bonheur! Je voudrais t'en parler mais il faut d'abord que je te dise à quel point les choses ont changé depuis ce matin de 1942 où tu nous as quittés. Je ne sais par quelle nouvelle commencer... L'actualité est chargée. Hitler est mort, Mussolini est mort. Nous sommes en République. Te voilà rassurée. Tu te souviens, tu disais : « Nous les bouterons hors de France! » même aux temps où cela paraissait fort improbable. Et même un peu ridicule. Mais tu n'en avais cure, ma courageuse. « Nous les bouterons hors de France! » C'est ce que tu as dit à tes voisins des Bressous ce fameux matin de lumière où tu venais d'apprendre le débarquement des Alliés en Afrique du Nord. Puis tu t'es assise sur une marche de la terrasse, face à tes montagnes. « Je lève les yeux vers les montagnes d'où me viendra le secours. » Et le secours est venu, mais toi tu étais partie.

On a gagné la guerre.

Mais on se demande parfois si Hitler l'a vraiment perdue. Comme s'il avait inventé quelque chose... Comme s'il nous avait tous couchés sur son testament.

Stalingrad, le Jour le plus long, Hiroshima, Oradour, le plateau des Glières..., je ne te raconterai pas.

On a gagné la guerre.

« Même les Français... », le maréchal Keitel en était indigné en signant la reddition des armées du IIIe Reich.

C'est loin tout ça, je n'ai pas envie d'en parler. Il s'est passé tant de choses depuis. Nous sommes devenues si différentes.

Parce que tu sais, ça y est, elle s'est réalisée la prophétie de ton savon féministe qui disait : « La femme doit voter. »

LA FEMME VOTE!

Ça s'est passé en 1945. Tu avais raison d'aimer de Gaulle, c'est à lui qu'on le doit. Et à toi, à tes semblables.

Aussi, chaque fois que je vais déposer mon bulletin dans l'urne, je pense à toi. Et j'ai honte. Parce que ce simple geste qui ennuie si vite les citoyens et les citoyennes au point que, souvent, ils oublient de l'accomplir..., ce simple geste dont tu rêvais, tu n'as jamais eu le droit de le faire.

Comme beaucoup de gestes qui nous sont devenus si vite familiers qu'ils semblent créés de toute éternité. Qui songe à rendre grâce devant l'eau courante chaude et froide? Qui songe à s'émerveiller devant les découvertes? Je feuillette le catalogue des nouveautés et je ne sais que te dire... : écologie, kleenex, Lune (on a marché sur la!), lyophilisation, machine à laver, pilule, stéréophonie, stérilet...

Par contre, on n'a plus ni colonies ni orthographe, mais on vit très bien sans.

A condition d'être en République, évidemment.

Depuis la fin de la guerre, on a eu un gouvernement provisoire et deux Républiques. Ça fait trente-cinq ans de République. Et, depuis dimanche – tu vas être contente –, la gauche est de nouveau au pouvoir. Avec un score de 51,76 % contre 48,24 %. Il y a sept ans, le score de l'ancienne majorité était de 50,81 % contre 49,19 %.

Pays difficile à gouverner, hein, mémé?

Nos présidents de la République ne ressemblent plus du tout à ces messieurs hors d'âge, en jaquette et viroflay comme disait Rosalie, ces vieillards barbus et moustachus que j'admirais dans *le Crapouillot* en buvant un petit coup de porto. (Oui, mémé, c'était moi.) Ils sont charmants. A croire que l'avènement de la télévision a modifié la Constitution. Notre nouveau président, monsieur François Mitterrand, est un ancien résistant. Et notre président sortant, monsieur Valéry Giscard d'Estaing, avec qui j'aurais goûté si j'avais été un homme (je t'expliquerai), notre président sortant s'était engagé à un âge très tendre dans les armées de la Reconquête. Mais ne va surtout pas croire qu'on les a choisis pour leurs faits de guerre ou leur patriotisme. Non, la tendance serait plutôt à faire croire qu'il n'y a pas eu de résistants et qu'il n'y a plus de patrie. Et de dire, automatiquement, quand on n'est pas d'accord avec quelqu'un, que c'est un fasciste, même s'il a passé des années dans un camp de concentration. C'est pour ça que je pense qu'Hitler a fait de nous ses héritiers. Il a laissé dans notre sang le venin de sa méthode. Il nous a appris à nous classer, à nous aligner, à nous compter comme pour la Solution finale... Quant à de Gaulle, qui était résistant aussi – bien que parfois l'opinion publique soit encline à l'oublier –, de Gaulle est mort comme un grand arbre le 9 novembre 1970. Personne n'est éternel. Quoique Franco nous ait donné de sérieuses inquiétudes de ce côté-là... On peut même dire que ça s'est arrangé in extremis.

Et moi?

Oh! moi, mémé, c'est bien simple, j'essaie toujours de te faire plaisir. Je ne peux pas te jurer que je suis sage, travailleuse, gaie, sérieuse, ordonnée, intelligente, appliquée, gentille, studieuse, polie, franche, obéissante et gracieuse comme tu m'avais recommandé de l'être, jadis, à Versailles, mais avoue que tu avais eu la main un peu lourde ce jour-là! Enfin, je fais ce que je peux et, comme je te l'ai dit : je suis heureuse...

Que dis-tu? Tu trouves que j'ai l'air triste? On ne peut rien te cacher! Oui, je suis un peu triste, à cause d'une petite phrase entendue dans un avion...

Mais non, ce n'est pas dangereux, l'avion! Je te jure qu'on a fait des progrès depuis l'Aéropostale! Et puis, rends-toi compte : on va de Paris à Nîmes en une heure! La petite phrase entendue en plein ciel risque d'être beaucoup plus dangereuse que le vol si j'ai bien compris ce qu'elle signifiait, ce qu'elle annonçait.

Je vais te la dire, tu jugeras toi-même...

Mais au levant, au creux de la mer des Saintes, quelque chose de chaud, de brillant, de vivant s'annonçait. Le petit peuple de l'étang s'agitait, devenait plus bruyant, hardi...

Les ombres retournaient à l'ombre.

Et puis il y eut un bourdonnement joyeux, les abeilles arrivaient.

On ne peut pas aller à Brasinvers.

Il n'y a pas de chemin.

C'est une île de sables dont les vents et la mer font et refont chaque jour les frontières depuis des milliers d'années. C'est un bois sacré qu'Apollon planta de sa main et c'est dans ce bois aux senteurs sauvages que se réfugiera le dernier taureau le jour où les hommes, s'ils y arrivent, auront enfin réussi à détruire l'œuvre des dieux.

On ne peut pas aller à Brasinvers et pourtant nous y sommes. Nous y sommes déjà venus hier, délaissant les routes tracées, après un long voyage et des errances à travers marais salants, digues, canaux, pistes, bras de mer, dunes et plaines saumâtres et, comme toujours quand on arrive en ces lieux, il y a eu un moment d'émerveillement.

On appelle ces lieux des « radeaux » car la terre semble flotter sur l'eau. On ne sait plus très bien où commencent, où finissent les deux royaumes. Les romarins sont des arbres; au-dessus d'eux, les pins sont couchés par des siècles de mistral. L'horizon vibre comme un mirage et le printemps fait fleurir les asphodèles comme dans *Ruth et Booz*.

Et puis ça se gâte.

La Camargue n'est pas un pays facile.

Le soleil tape, les ombres sont maigres, les moustiques passent à l'attaque, relayés par les aoûtats, les arabis, les mouches, les guêpes, les frelons. Seul le vent peut les disperser mais le soulagement est de courte durée. Le vent rend fou, jette le sable dans les yeux, renverse les projecteurs, tape sur les micros comme sur des enclumes et rend le son direct inutilisable. Brûlée, piquée, affolée, assourdie, l'équipe garda un front serein jusqu'à l'heure du déjeuner et s'approcha de la table en frottant ses mains gonflées et en léchant ses babines desséchées. Hélas! ses yeux rougis et incrédules y découvrirent un repas ou plutôt un non-repas qui eût paru frugal en milieu de Carême dans un monastère de bénédictins.

L'équipe craqua.

Le champagne de la veille avait dû ruiner la production. Ah! si l'avion n'avait transporté que des partisans de la nouvelle opposition! Si tout le monde avait écarté cette coupe! Alors nous aurions pu festoyer grassement sur le sable de Brasinvers, groupés autour d'un drapeau blanc et chantant : « Vive Henri IV! » Mais, visiblement, les partisans du socialisme l'avaient emporté, on avait trinqué à bord, eh bien, on continuait.

– On a gagné! On a gagné! lança un plaisant.

Mais personne ne rit. L'humour et la faim ne font pas bon ménage.

Des pommes, du pain, des tomates, du fromage au plâtre, un saucisson à l'épiderme anémique, du vin détergent et de l'eau. Et, couronnant le tout, un petit ananas solitaire.

Il y a des choses qu'il ne faut pas faire.

Même avec de bonnes intentions.

Par exemple se cotiser pour offrir à Brigitte Bardot un manteau de phoque pour son anniversaire. Envoyer une caisse de beaujolais nouveau avec le gentil papillon : « Il est arrivé ! » à l'ayatollah Khomeiny. Un jambon à Isaac Shamir parce qu'on vient de faire le cochon chez les cousins de Cassagnes-Bégonhès (Aveyron) : « Cher Isaac, on ne vous a pas oublié ! »

Ces cadeaux imbéciles ne peuvent apporter que des ennuis aux généreux donateurs – et même des guerres – mais il y a une chose beaucoup plus grave qu'il faut éviter à tout prix, c'est de décevoir gastronomiquement une équipe française de cinéma.

Je dis bien « française ». Les autres ethnies, à condition de ne pas commettre d'impair avec le cochon et le beaujolais dans certaines régions chaudes, les autres ethnies sont beaucoup moins difficiles à nourrir.

Le machiniste français est le premier du monde.

Il le sait.

Il sait qu'à partir des débris d'une caisse de savon de Marseille et d'une poignée de clous rouillés il est capable de vous monter un praticable pour vingt figurants. Il sait qu'avec un vieux vélo, un kilo de gros sel et de l'eau saumâtre il jettera les bases d'une centrale électrique. Mais il sait aussi reconnaître le filet mignon de la semelle, le bon grain de l'ivraie et le pain chaud de la croûte réchauffée. Alors, si vous voulez avoir le Delluc ou le Lion d'Or, nourrissez votre équipe comme si vous aviez l'intention de la demander en mariage. Elle vous étonnera. Par contre, si vous voulez des faux raccords, essayez de lui faire prendre un thé de cafetier éventé pour un darjeeling à pointes blanches spécialement récolté à son intention sur les flancs de l'Himalaya, un vin du Joyeux-Luron pour un chassagne-montrachet 1971 et du Kiki-Bon-Chat pour un foie gras préparé par votre tante Noémie.

Mais, en aucun cas, ne lui dites qu'une fois de temps en temps ça ne fait pas de mal de déjeuner légèrement.

Ce fut le cas.

Horrible. D'autant plus horrible que Brasinvers doit sa pureté à son éloignement exemplaire de tout lieu civilisé. Le plus proche œuf dur était à des années-lumière de notre campement. Ah! que n'avais-je situé mon histoire en grande banlieue! Que n'avais-je, comme tout le monde, des ancêtres nés dans une importante agglomération des environs de Paris! Baignant dans le gras et l'allégresse, nous aurions partagé un haricot de mouton au café du Commerce de Montgeron (91230 Essonne)!

Il se fit un grand silence. Pire que des cris ou des reproches. Tout était devenu immobile comme si le temps s'était arrêté. Puis, au bout de l'heure prévue pour le repas, quelqu'un se leva et se dirigea vers la caméra. La mécanique se remit en marche et tout le monde reprit le travail.

Alors je demandai un miracle.

« Mon Dieu, si tu ne fais pas ça pour moi, fais-le pour Jojo! »

Oh! je ne réclamais pas un grand miracle, juste un petit, genre manne dans le désert et multiplication des pains, et, quand je disais : « Mon Dieu », je m'adressais à tous ceux qui s'étaient succédé, déchirés, retrouvés en ces lieux. La pauvreté du garde-manger m'interdisait toute libation mais je savais que Dieu, les dieux ne permettraient pas qu'on quitte Brasinvers et qu'on se quitte sans que Dieu, les dieux se soient manifestés.

C'était hier.

Cette nuit, à la lumière du jeûne, la petite phrase de l'avion est encore revenue me visiter comme la petite phrase de la sonate de Vinteuil venait visiter le Narrateur. Mais la musique en est beaucoup moins belle. Et puis, à force d'exégèse, j'ai décidé que la petite phrase n'avait rien de politique. Que c'était une phrase économique prouvant un louable souci de gestionnaire désireuse de ne pas gaspiller les deniers de la production. C'était clair, il ne s'agissait pas de savoir *qui* buvait au socialisme mais *combien* buvaient. Trop puisque, le lendemain, nous étions contraints aux restrictions. Dieu fasse que la parabole du champagne et du pain sec n'ait rien de prémonitoire!

Mais aujourd'hui j'ai été exaucée, j'ai mon miracle.

Dieu, les dieux ont inspiré la production et lui ont envoyé un de leurs correspondants locaux pour finir en beauté.

François Brouzet est une force de la nature, un colosse, une créature mythologique. Seigneur de la pinède, il a organisé la fête de la réconciliation. Il veille sur les viandes qui grillent sur des sarments au bord de l'étang. Même le vent souffle pour nous, chassant les moustiques vers la mer avec la fumée des braises, ne laissant que l'odeur qui est déjà une récompense. Les romarins, les myrtes, les lys sauvages me semblent plus fleuris qu'hier. Quelqu'un crie : « Oh! regardez! les flamants roses! »... et chacun a envie de croire que ce vol de corail et de soie va nous porter bonheur. Le vin vient d'une propriété amie, les picholines, le fromage de brebis, la pâte de coings, les merveilles poudrées de sucre, toutes ces humbles choses disent que ce pays existe. Si fort qu'on ne peut pas camper ici, qu'on ne peut pas y apporter son manger comme au bois de Meudon, sinon la nature se venge.

Aujourd'hui elle nous accepte, elle nous unit.

Oubliée la pénitence d'hier. Personne ne sera fâché avec personne au moment de la séparation. Si proche...

D'ailleurs peut-on être longtemps fâchés quand on fait ce métier? Nous sommes entre nous. François n'est pas un étranger, il connaît nos rites pour les avoir pratiqués, lui qui fut gardian, manadier, gitan, caraque, troubadour, picador, apoderado, et même centurion, « Oh! François, tu te souviens de ton casque romain? », lui qui fut de tous les films qui se tournèrent autour des Saintes-Maries depuis près de trente ans, lui qui est notre camarade.

Quand je l'ai connu, il était le plus pauvre gardian du Delta. Mais le plus fort. Si fort que, pour s'amuser, il soulevait son cheval. Puis une grande fille est venue du Nord et est restée dans sa vie. Et tout est sorti de cette rencontre. On les a vus travailler comme dans les contes de fées qui sont les endroits où l'on retrousse le plus gaillardement ses manches, où l'on vide les étangs avec un dé à coudre, où l'on coupe les forêts avec une serpe d'or, où l'on torchonne et godronne au coin de l'âtre comme surent le faire Peau d'Âne et Cendrillon, deux petites qui n'entendirent jamais parler des trente-cinq heures, des avantages acquis et de la stabilité de l'emploi. Bref, François et sa Françoise travaillèrent comme ce n'est pas permis – je pèse mes mots – et ils eurent deux jolies filles, des hôtels, des piscines, des discothèques, des écuries... Il ne leur manque que du pétrole mais, patience, mon conte n'est pas terminé, avant la fin de cette histoire ils en auront peut-être trouvé. Tant de succès, surtout quand il est mérité, ne passe pas inaperçu, et le fisc n'est pas le seul à leur vouloir du bien. Comme les roseaux du roi Midas, les roseaux de Camargue se mirent à parler et le bruit de la réussite du pauvre gardian s'en alla jusqu'à Marseille : « François et sa Françoise sont riches comme la mer ! » Alors un jour, dit le conte, deux Marseillais à peindre vinrent trouver François. Borsalinos, cicatrices, chaussures bicolores, chevalières... François les laissa parler, se griser de mots : racket, cracher au bassinet, filer doux, protection. Puis il se leva, bien calme, les prit chacun sous un bras, les trempa dans la roubine, les ficela ensemble, bien serrés comme une botte de marjolaine, puis il leur demanda poliment où il devait téléphoner pour qu'on vienne les chercher.

Il leur demanda aussi ce qu'ils avaient envie de boire parce que, François, il est gentil.

– C'est triste de se quitter, dit Nadine.

Oui, c'est triste... On a beau se dire qu'on fera d'autres films ensemble, on sait bien qu'on ne se retrouvera jamais de la même façon. On sait bien que certains ne reviendront pas dans notre vie, qu'on va les perdre pour toujours. On sait bien qu'il faut vivre le moment où les adresses et les numéros de téléphone commencent à circuler, mais quand même...

Aussi, pendant qu'on « roule », c'est-à-dire pendant qu'on ramasse le matériel, nous avons voulu, les abeilles et moi, rester le plus longtemps possible ensemble. Nous avons marché vers le rivage et nous sommes allées, au-delà de la forêt, au-delà des étangs, sur le sable troué de fleurs piquantes et raides, nous asseoir face à la mer. En prenant la précaution d'emmener un pichet de ce petit vin qu'auraient aimé les Romains. Et encore une fois nous avons levé nos verres. A nos projets. A nos espoirs. A notre amitié toujours recommencée. A tout ce que nous avons vécu ensemble.

– Et au *Commandant Lagarde* qui sera si heureux, parfaites comme on est, de nous avoir à son bord!

– Avez-vous remarqué, les filles, que depuis qu'on est au pouvoir on n'arrête pas de boire?

– Mais parfois de manger!

Comme elles vont me manquer!

– On va pas te manquer, on embarque avec toi!

– Mais qui c'est, d'abord, ce *Commandant*? Tu ne nous as rien dit.

Comment commencer mon récit?

Par la belle image qu'un petit garçon avait trouvée dans la barre de chocolat de son goûter : « Soleil de minuit au Spitzberg. » Les couleurs du temps y étaient si révolutionnaires (ça se passait à l'époque où je défilais pour le Front populaire) que le petit garçon, qui avait huit ans et s'appelait Louis, s'était juré d'aller un jour se chauffer aux rayons de cet étrange soleil des glaces.

Il attendit longtemps, puis l'occasion se présenta en juillet 1977.

– Veinarde! dit Françoise.

Veinarde? Depuis la merveilleuse croisière sur le pouilleux *Cairo-City,* mes expériences avec la marine avaient été plutôt catastrophiques. Je me souvenais de trois jours de pur cauchemar en Méditerranée à bord du yacht d'un milliardaire qui nous avait trouvés amusants. Superbe unité, blanche comme une meringue, lettres d'or, pavillon indéchiffrable, douze marins dignes du ciseau des plus grands, « Vous les verrez danser le sirtaki dans mon île! », lit de deux mètres de large, baignoire ronde, chef de cuisine prêté par Maxim's, on s'habille tous les soirs...

L'enfer!

A peine avais-je mis le pied sur la meringue que j'étais possédée du mal de mer. On me servait à dîner dans ma cabine. Langouste flambée, beurk! Meursault, pouah! Je ne pouvais me déplacer qu'en rampant et je regardais, très haut au-dessus de moi, les marins qui commençaient à s'habituer à me voir à quatre pattes dans les coursives, verte, pas maquillée, pas coiffée, demandant : « Y a des moules? » parce que c'était, paradoxalement, la seule chose que je pouvais avaler à bord.

Je n'ai jamais vu les douze marins danser le sirtaki car le milliardaire me débarqua très vite avec une gerbe d'orchidées très encombrante et un sourire de rupture. Il aurait bien voulu garder mon mari pour le sirtaki mais on débarqua ensemble et, pour la première fois de ma vie, je me félicitai de ne pas être riche. Aussi, quand Louis me dit au printemps 77 : « On va aller jouer du Guitry, sur *Mermoz,* au pôle Nord », je crus qu'il était devenu fou. Il dut me traîner à bord par les cheveux. Le premier soir, répétition, je commence une réplique à bâbord et je me retrouve assise par terre à tribord.

Mais je n'étais pas malade.

Je ne pouvais pas l'être. J'étais venue pour travailler. Je n'étais pas passager mais membre de l'équipage.

– Veinarde! répète Françoise.

Oui, c'est vrai. En montant à bord de *Mermoz,* je reçus un cadeau de la vie, un cadeau que je serre encore contre moi malgré tout...

... Je revois, je reverrai toujours le grand bateau blanc qui nous emmena au-delà des limites du monde habité, dans des eaux si transparentes que l'iceberg y est blanc-bleu comme le plus pur des diamants... Et un beau jour, ou peut-être une nuit, va savoir, alors que le soleil était particulièrement flamboyant, nous entendîmes la voix du commandant qui résonnait dans tout le navire et qui disait à tout ce qui vivait à bord :

– La banquise est là!

Et chacun fut tiré de sa cabine, de son sommeil, de son travail ou de son attente et chacun monta sur le pont pour saluer cette steppe de cristal, féerique et infinie, qui s'étendait à perte de vue jusqu'à ce point exact et inimaginable : le pôle Nord.

Et c'était quelque chose de formidable que cette absence de vie, de chaleur, ce silence, comme si nous avions rejoint un autre point exact et inimaginable où le Créateur allait nous ordonner d'exister.

Jamais nous n'aurions pu croire que nous étions si nombreux à bord! Tous les passagers, tous les marins étaient sur le pont, mais aussi les femmes de chambre, les maîtres d'hôtel et puis tous ceux qu'on ne voit jamais, les cuisiniers, les mécaniciens, les apprentis...

Et ce silence.

Alors un petit garçon se mit à applaudir.

Un petit enfant qui savait encore les choses qu'on oublie quand on est grand. Un petit enfant qui avait l'âge du chocolat et des belles images. Il applaudit et, peu à peu, tout le monde suivit, battant des mains comme les fidèles mouettes accompagnatrices battaient des ailes en encadrant le navire.

Je n'avais encore jamais vu les hommes applaudir la nature. C'était si beau que tous deux, au soleil de cette nuit-là, nous avons fait le serment de raconter un jour une histoire qui se passerait sur la mer.

La mer. Elle a changé de couleur avec le soir qui tombe. Je me suis tue. Une aigrette se pose au bord d'une flaque glauque et s'en va à la pêche, se balançant sur ses fragiles échasses...

Jojo est venu se joindre à nous. Avec un autre pichet.

– Un peu de vin?

Justement. Il arrive bien pour la suite de mon récit. Il tombe à point pour compléter l'état civil du commandant Lagarde. Parce qu'il ne faut jamais oublier que les marins sont des terriens. Le nôtre a de somptueuses racines.

– Où ça, les racines?

– A Châteauneuf-du-Pape!

Les abeilles bourdonnent comme sur de la vigne en fleur et je leur confie que c'est un vieux chien qui nous a donné l'idée de faire naître Pierre-André Lagarde au milieu du domaine de Sigouret.

C'était la fin d'un bel été, nous étions à portée d'arbalète du rocher de Châteauneuf, le vent chassait les nuages, fourbissant brusquement le soleil tiré de l'ombre, dessinant des plages et des montagnes au fond du ciel, brouillant tout, recommençant à zéro, changeant l'heure et la saison d'un souffle, découvrant d'autres aspects du paysage su par cœur, diffusant de ces odeurs, de ces bouffées sucrées qui font que l'on s'arrête. D'où vient le miel? Mais déjà le miel est parti sur l'aile du vent. Il n'y a rien que l'odeur de la terre et de la vrille acide. Puis, trois pas plus loin, la menthe sauvage, invisible, se marie avec l'arôme d'un grand fenouil brisé. L'herbe, patiemment arrachée, revient patiemment, cherchant son chemin entre les ronds cailloux glaciaires. Le temps de vendanger est proche. Le Ventoux, couronné de gouache blanche comme un volcan japonais, veille sur la noble vallée. Et là-bas, en Avignon, le Rhône étale et dénoue ses vastes anneaux luisants, serpent sacré capable de quitter son lit en un éclair pour féconder ou saccager.

Un chien aimable et chenu nous avait suivis et il s'était arrêté en même temps que nous. Soudain il flaira une grappe à hauteur de museau sur le cep le plus proche. Elle était belle, ornée d'une feuille ciselée, finie comme une pièce d'orfèvrerie. Le chien la huma, délicatement, et, avec des grâces de demoiselle, la mangea. Dans les pays de vin, on sait ce que cela veut dire. Quand le chien juge que le raisin est assez sucré, c'est que la vendange peut commencer. On s'est regardés, tous les deux, et on a su qui était notre personnage. Il était le lien entre le grand bateau qui nous avait ramenés du pôle Nord avec l'accent de Marseille et le vieux chien gardien des traditions dionysiaques de notre Midi. Et nous avons su quelle histoire nous voulions raconter. Une histoire d'aujourd'hui, avec la ronde des navires sur les mers, une histoire de toujours avec des farandoles dans des jardins pleins de cigales invisibles, une histoire d'amour parce que, sur terre ou sur mer, on n'a encore rien trouvé de mieux.

La nuit est maintenant complètement tombée, engloutissant la mer. Le vin est fini. Nous nous taisons. Et voilà que très loin devant nous une arche brillante passe comme dans le fond d'un décor de théâtre.

– Regardez! crie Nadine. Le bateau!

Nous l'avons suivi des yeux jusqu'au bout, retenant notre souffle, n'osant bouger avant que ses lumières dorées ne s'évanouissent, nous étions sûres d'entendre de la musique, nous étions heureuses que ce soit un vrai bateau, Jojo l'avait vu aussi, alors, et, de toute façon, si c'était un mirage, c'était plus beau encore.

ITHAQUE

Lorsque tu te mettras en route pour Ithaque,
Souhaite que le chemin soit long,
Plein d'aventures, fertile en découvertes...
Souhaite que le chemin soit long.
Que nombreux soient les matins d'été,
Où – avec quel plaisir, quelle allégresse! –
Tu entreras dans des ports que tu verras
Pour la première fois!...

Depuis des années, les poèmes de Constantin P. Cavafy étaient sur notre table de chevet. Ils nous avaient suivis à bord.

Souhaite que le chemin soit long...

Si nous n'avions pas été tous deux des enfants de l'Occupation et de l'Europe interdite, aurions-nous eu envie d'imaginer, de raconter les voyages du commandant Lagarde?

Et le matin d'été où – avec quel plaisir, quelle allégresse! – je vis écrit, à tribord, lettres immenses dans une immensité marine qui semblait peinte pour la galerie d'un monarque, ce nom :

ЛЕНИНГРАД

je compris la signification du poème et je sus que,

depuis ma première tasse de thé chez le prince Rouslane au lendemain du 6 février 34, depuis ma découverte des caractères cyrilliques au retour d'U.R.S.S. de mes parents et surtout depuis la nuit de la révélation dans la symbolique Chambre de Goethe où je devinai, petite fille aux arrêts, que le monde m'appartiendrait si j'étais capable de l'aimer assez fort, je sus que je n'avais fait que marcher vers cette promesse, vers ce rendez-vous.

Comme j'avais marché vers la fontaine de Castalie et les oiseaux des Phédriades, vers la Grèce retrouvée et le pacifique canal de Kiel où la brise de mer porte sur la passerelle l'odeur des foins coupés. Et voilà qu'enfin – avec quel plaisir, avec quelle allégresse! – nous entrions dans des ports dont nous ne connaissions que les noms, les belles images et les légendes. Mais, en cet été de 1981 où nous avons parcouru et ceinturé l'Europe, nous voguions dans la réalité, nous débarquions sur de vrais rivages, nous respirions le vrai parfum de chaque terre abordée. Le parfum de tout ce qui avait été confisqué par la guerre, de tout ce qui avait été interdit, donc promis car dans toute interdiction il y a une promesse, et voilà que cela nous était donné et par la grâce du travail, ce qui est bien la plus belle façon de voyager.

Nous arrivions de très loin...

Nous arrivions de plus loin que la guerre, nous arrivions des rives de l'enfance car, quand nous étions petits, avant le 3 septembre 1939, les frontières de la France étaient ouvertes. Nos vacances, les soirs d'été, dans la maison de cousine Mathilde, en plein pays religionnaire, ou chez la marraine de Louis, sur les bords de la Touques normande, nos vacances séparées et jumelles pouvaient avoir l'odeur des lampes à pétrole, nous savions cependant que notre pays était à la pointe du progrès dans un monde plein de distances, de saisons, de convenances et de mystères. Les longs trajets en train, les paquebots, les avions, le cinéma, les sports d'hiver, l'Ambre Solaire, tout ça nous appartenait. Puis il y eut la guerre et nous oubliâmes jusqu'au goût de l'orange. De cette longue période de nuit et de froid nous ne nous remettrons vraiment jamais. Comme un arbre qui a connu une dure gelée dans ses premières années et qui, même grand, beau, adulte, garde la marque de la blessure. Heureux de n'avoir point péri sous la hache!

Alors, après la guerre, l'invitation au voyage impossible, le goût de l'évasion nous avaient poussés – et réunis – sur le seul beau navire qui flottait encore : le théâtre. Nous avions embarqué sur les planches et nous eûmes l'honneur de servir à bord du bâtiment *Conservatoire.* Le vaisseau craquait de vieillesse, mais qu'il était beau, le grand pavois du manteau d'Arlequin! Et ces coursives poussiéreuses, ces dessous profonds comme des cales, souvenirs du Grand Siècle où des marins aux pieds nus inventèrent la machinerie, travaillant au sifflet, s'envolant vers les cintres comme vers un mât de misaine, amenant les feuilles de décor comme des voiles.

Ô marine en bois de la mémoire!... Je voudrais retourner vers mes vieux maîtres, me retrouver sur les bancs de la classe Dussane. Écouter avec mes oreilles d'aujourd'hui ce que nous disaient les voix d'hier. Ils parlaient si bien, les gens de théâtre, avant de devenir les grands prêtres des maisons de la culture et de l'ennui et de savoir qu'ils étaient des intellectuels. Ils sentaient encore le fagot et c'était une odeur bien agréable. Hélas, peu à peu, prudemment, au fil des siècles, les gouvernements, inquiets devant leur pouvoir formidable : faire rêver les foules, les ont dépouillés de tous leurs privilèges. On les a d'abord enterrés en terre chrétienne, puis on les a décorés de la Légion d'honneur, reçus à l'Institut, on a recherché leur alliance. Quant à la légèreté des mœurs, il y a belle lurette qu'ils en ont perdu le monopole.

Quelle pitié!

Mais, quand je fis mes premiers pas entre cour et jardin à la fin des années 40, le XIXe siècle n'était pas mort, il vivait encore au théâtre. Un fleuve de tradition orale coulait librement dans les classes, reliant les élèves à ceux de la génération précédente qui, elle-même, se souvenait de celle qui avait transmis les armes et les secrets. Et ces secrets, comme ceux des Compagnons du Devoir qui remontent à la construction du temple de Salomon, se perdaient dans la nuit des temps. Comme le secret mystérieux du rythme que l'on révèle aux tout petits sujets des classes de danse afin de leur transmettre pour toujours une patience de fleur.

Parfois nous allions, et c'était la fête, jouer dans de lointaines banlieues avec de vieux camarades qui se maquillaient encore au blanc gras et au rouge raisin. Nous les regardions se poudrer avec une patte de lapin que leur avait donnée Max Dearly, ajuster leurs perruques de vilains, tirer leurs bas de coton, enfiler leurs souliers à boucles et, éblouis, obéissant à la triple invitation du brigadier, nous les suivions pieusement du Boulevard du Crime jusqu'aux Enfants du Paradis. Nous admettions tout, les loges sans eau courante, les infâmes cabinets, les décors en carton-pâte, et notre imagination s'accommodait de la balustrade de toile peinte et du fade lointain pouvant figurer « ici d'Esther le superbe jardin », aussi bien que « le réduit obscur que Don Philippe III fit creuser dans le mur », sans parler des neiges éternelles de la mer de Glace de Monsieur Perrichon. Nous pensions que nous passerions toute notre vie dans cet univers à l'odeur morte, dans ce temple des moisissures où seule, parfois, une couche de peinture fraîche (ne t'appuie pas, ce n'est pas sec!) apportait une odeur vivante. Et puis un jour, mais quand? la molle balustrade s'effaça, le lointain se déchira, vola en éclats, découvrant un nouveau décor : le monde.

Depuis ce jour, les acteurs voyagent dans une autre dimension.

Depuis ce jour, aéroportés, enregistrés, tamponnés, dédouanés, échangés, exportés, les acteurs ont atteint le stade du décor réel.

Et nous étions là, en ce matin d'été, sur la passerelle de *Mermoz*, ayant passé Kronstadt et le palais des tsars de Peterhof, et déjà une musique de bienvenue éclatait dans les haut-parleurs du port.

боже русь храни[1] !

Je pleurais. Je pleurais sur les compas et les chadburns, sur les tartines que je venais de beurrer pour les pilotes soviétiques montés à bord, sur l'ombre des nuages réfléchie par le golfe de Finlande, sur la terre russe dont j'avais tant rêvé quand papa déplaçait des épingles rouillées sur la carte du vieux continent au temps de Stalingrad. Je pleurais... Je devais encore pleurer bien des fois cet été-là, ce qui prouve de façon éclatante que j'étais heureuse.

1. Dieu bénisse la Russie!

Et, brusquement, le souvenir de ces larmes me rappelle d'autres larmes et me ramène – encore – au Conservatoire. Une jeune fille passe Andromaque devant René Simon. Et quand elle arrive à : « Puisqu'une fois le jour vous souffrez que je voie le seul bien qui me reste et d'Hector et de Troie... » ses larmes se mettent à couler.

Mais le maître n'est pas heureux. Il ne veut pas de ces larmes-là. Il attend autre chose. Il monte sur scène. Il s'approche de la jeune fille, il la regarde, caresse une larme sur la joue pure, glisse son bras sous le sien... puis il dit le texte avec elle... et soudain il s'illumine : « Pleure comme devant un grand bonheur. »

Dans la salle, un garçon m'avait pris la main... Il la tient toujours dans la sienne et, ce matin-là, sur la passerelle du *Mermoz,* tandis que nous regardions ensemble naître la Russie, je crois bien avoir respiré le parfum du bonheur.

Trois filles du service des douanes, jolies, platinées, maquillées comme dans les années 50 et peu aimables. On nous embarque dans un autocar. Photos géantes de « bons ouvriers » devant une usine. Ils ont tous l'air déjà morts pour la patrie. Est-ce à cause des fleurs posées à leurs pieds? L'accès de la ville est sale, triste, les grandes artères lugubres... et tout d'un coup, miracle, notre guide s'est mise à parler. Quelle merveille que la langue française! On entend voler les imparfaits du subjonctif, on salue la pureté des accords, la richesse des épithètes. Dans l'autocar, les passagers, charmés, disent : « Elle est française! » Natacha Nicolaïevna sourit, elle n'est pas française, elle est russe, absolument russe. Alors combien d'années a-t-elle passées en France pour s'exprimer avec une telle perfection? Natacha Nicolaïevna sourit encore. Elle n'est jamais allée en France.

– Mais dans nos universités, explique-t-elle, on nous apprend votre langue dans les œuvres du général de Gaulle.

Silence dans l'autocar, maté, qui n'ose plus risquer un mot, craignant de dévoiler que les moindres défauts de son grossier génie sont ou le pléonasme ou la cacophonie.

Du reste, nous venions de déboucher sur la perspective Nevski et nous ne pouvions plus que nous taire.

Non, je ne vous raconterai pas Leningrad, ni les rives de la Néva, ni les trésors de l'Ermitage, ni les ivrognes à longue barbe dormant dans les rues comme dans une pièce du Théâtre-Libre, ni la maison sur la Fontanka « où rôde encore la langueur du soir » avec le fantôme léger d'Anna Akhmatova, ni la demeure de Diderot, ni les blessures de la guerre, de toutes les guerres, de la Guerre quoi.

Ce que je voudrais vous raconter, pardon, vous donner, c'est un bouquet. Il était posé sur le tombeau de Pierre le Grand comme pour honorer un deuil récent. Pas un bouquet de fleuriste, non, un de ces bouquets modestes semblables à ceux que les enfants cueillent et composent avec application pour une fête, un anniversaire. Je ferme les yeux et je revois des branches à fleurettes jaunes... forsythias? des fleurs rouges... tulipes, dahlias? et un feuillage luisant. Le tout ceinturé d'un lien doré, ficelle de pâtissier sans doute. Et, partant du bouquet, j'imaginais le jardin – aux portes de la ville – où il avait poussé, et je voyais la main qui l'avait cueilli...

Natacha Nicolaïevna s'était approchée de moi :

– C'est émouvant, n'est-ce pas? Le peuple est très attaché à Pierre le Grand. Chaque jour, des paysans déposent des fleurs sur son tombeau. Nous sommes très fiers de lui. Nous lui devons notre ville. C'est pour cela que nous lui faisons l'hommage de ce qui fleurit dans ses jardins.

Ah! comme j'aurais voulu pouvoir dire à Natacha Nicolaïevna :

Ничего, ничего нѣтъ вѣрнаго, кромѣ ничтожества всего того, что мнѣ понятно, и величія чего-то непонятнаго, но важнѣйшаго!»[1]

mais j'ignore tout du russe et jusqu'à la manière dont on l'apprend dans nos universités. Aussi n'ai-je pu lui dire que la traduction d'un vers de Boris Pasternak :

– « La patrie sera toujours dans l'herbe. »

Je crois que ça lui a fait plaisir car elle s'est oubliée jusqu'à me dire :

я согласна ! [2]

Avant de remonter pour la dernière fois dans l'autocar et de dire adieu à la ville de Pierre, nous nous sommes arrêtés devant une église dont j'ai oublié le nom. Parce que je n'ai pas suivi mes compagnons à

1. « Il n'y a rien, rien de certain, sinon le peu de valeur de tout ce que je peux comprendre et la grandeur de ce je ne sais quoi, qui m'est incompréhensible mais qui n'en est pas moins la seule chose importante. » *Guerre et Paix*, livre I, chapitre XIX, méditation du prince André blessé.

2. Tout à fait d'accord!

l'intérieur. Je suis restée seule dans un petit square et je me suis agenouillée sous un arbre. La terre était noire, meuble comme de la terre de bruyère. Très douce. J'en ai pris une poignée – mon Dieu, qu'elle était légère ! – et je l'ai versée dans une enveloppe. C'était pour mon amie Irène qui est russe. Enfin, elle est absolument française mais ses parents étaient russes. Absolument. Et elle, mon Irène, ne connaît pas la Russie. Quelle tristesse ! En relevant les yeux de mon petit larcin, j'ai aperçu la flèche de l'Amirauté et cette merveille d'or est entrée dans mon regard pour signer cette poignée de terre encore tiède de Saint-Pétersbourg tandis qu'une sirène de bateau me rappelait que nous n'étions que de passage et que, tout à l'heure, nous allions lever l'ancre dans la nuit claire.

La grande leçon de la mer.

Savoir partir. Se quitter. Dire adieu.

Lever l'ancre.

Et, dès le lendemain, la leçon nous fut donnée.

Il était entendu depuis le début du voyage que Louis nous quitterait à Stockholm pour rejoindre, en Méditerranée, un pétrolier géant, le *Dubaï*, dont il allait être le capitaine pendant le tournage du film de Georges Farrel, *Ultimatum*.

Une ancre de marine tatouait notre été.

A bord, tout le monde était au courant. D'ailleurs, à bord, tout le monde savait tout de nous. Quand on est embarqués sur le même bateau, on ne peut rien se cacher. Aussi tout le monde savait-il que Louis allait nous quitter pour aller tourner dans les eaux grecques, que c'était pour ça qu'il avait une barbe et des cheveux blonds, et tout le monde savait que nous préparions un feuilleton, et que, pour être le commandant Lagarde, il couperait sa barbe et retrouverait sa couleur de cheveux. Tout ça les passagers l'avaient lu dans *Mermoz Magazine* et entendu au micro du Grand Salon, ce qui leur expliquait notre présence continuelle dans des endroits interdits au public et à toutes les heures du jour et de la nuit.

En quittant Leningrad, nous avions décidé de consacrer la dernière journée avant la Suède à confronter nos impressions, à relire ce que, chacun, nous avions écrit. A notre propre imagination, à nos recherches et à nos repérages venait de s'ajouter quelque chose de merveilleux : la réalité de la mer. Nous découvrions qu'un navire n'est pas seulement un mode de locomotion qui va sur l'eau mais un être vivant. Un petit univers complet. Nous n'étions plus les mêmes à cause du pain quotidien partagé avec les marins d'abord mais aussi avec l'équipage civil et avec les passagers. Ce berger qui vient tous les ans, regarde la vague menant ses blancs moutons et se tait comme sur ses hauts plateaux, ce couple qui fête ses trente ans de mariage après avoir jeté toutes ses économies à la mer, sachant que c'était l'unique voyage de toute une vie, et cette petite vieille fragile qui nous dit timidement :

– J'aimerais que vous vous dépêchiez, pour le feuilleton... il me reste si peu de temps...

Nous avons appris à connaître la gravité cachée sous l'uniforme blanc et or, sous le sourire et les soirs de fête.

Ce danger.

Comme la musique, comme la danse, comme les mathématiques, la mer exige des comptes exacts. Si deux et deux font cinq, on va par le fond. Aussi deux et deux font-ils toujours quatre et l'on veille sans relâche pendant que l'on danse au salon.

On commençait à évoquer tout ça quand, brusquement, à peine arrivés à Helsinki, nous apprenons que Louis doit se trouver un jour plus tôt que prévu à Athènes et qu'il va falloir se quitter tout de suite. Mais alors ce qui s'appelle tout de suite. A l'instant. Maintenant.

Valises, consignes, papiers, formalités, adieux n'ont pas dû prendre un quart d'heure. C'est fini. Il descend l'échelle de coupée, s'arrête, se retourne, me sourit et me dit :

– Il faut toujours considérer le côté ensoleillé de la montagne. Maintenant on saura raconter la scène de la séparation. On est venus pour ça, après tout!

C'est vrai. Mais voilà que je suis seule sur le pont et voilà qu'il est sur le quai finlandais où un taxi vient de se ranger, une portière de s'ouvrir... un dernier geste de la main... plus de mari.

Mais que d'hommes à bord, brusquement! A les entendre, il paraît que je dîne avec chacun d'eux ce soir. Il paraît qu'ils ne peuvent pas envisager de me laisser seule, que ce serait trop triste. Pour moi.

Dans les coursives, des femmes désolées m'arrêtent :

– Alors, il nous a quittées? Si vite?

La petite vieille dame fragile me prend la main :

– Vous savez que vous êtes mon couple préféré?

Elle parle de nous comme d'un morceau de musique, comme d'une lessive. Notre couple... 73 définitions répertoriées : couple idéal, couple exemplaire, couple attachant, couple franco-français, couple d'une rare niaiserie (quand même!), couple affligeant, réconfortant, bien de chez nous, à peine supportable, impertinent, décontracté, moderne, bourgeois, démodé... et enfin, de quoi se flinguer : couple sans histoires!

Je suis rentrée dans la cabine, Louis dit toujours « la loge » et ça fait rire les officiers. Je suis rentrée dans la loge. Le steward n'avait pas perdu de temps, il avait déjà relevé la couchette de Louis. Parti, mon camarade. Débarqué mon matelot.

Un jour de moins à vivre ensemble.

C'est bien peu de chose, un jour, et cependant c'est immense. C'était celui-là, justement, qu'on voulait partager.

Tiens, il a oublié ses chaussures vernies... Pas grave, je ne pense pas qu'on s'habille, le soir, à bord du *Dubaï*. Le *Dubaï*... Demain il sera là-bas et moi je croiserai au large de la Petite Sirène...

Alors je me suis assise sur ma couchette solitaire et je me suis demandé ce que je faisais là, en rade d'Helsinki, seule et abandonnée au milieu de tant d'hommes. D'abord je ne dînerais pas.

C'est ce que j'ai dit au commandant quand il m'a téléphoné pour m'inviter à sa table. Il a répondu :

– Huit heures précises!

A la fin du dîner, un vénérable vieillard se dirigea à pas menus vers la table du commandant. Il était soutenu par une gouvernante et un jeune officier. Un seul regard suffit à mon œil nourri dans le sérail pour déchiffrer son impressionnante boutonnière. Ancien ministre, député, sénateur, commandeur de tout ce qu'on pouvait être, ce monsieur était trop bien élevé pour se présenter lui-même à une compagne de voyage, même après avoir fait la guerre avec son père. Il demanda donc au commandant de lui rendre ce service et, une fois présenté et assis, me confia que, depuis le début du voyage, il cherchait l'occasion de nous dire, à mon mari et à moi, que nous étions un couple vivifiant (74!) et que, appartenant lui-même à la religion réformée, il gardait un souvenir particulièrement ému d'un discours que l'Incorruptible avait prononcé il y a quelques années dans la chaire des pasteurs du Désert sous les châtaigniers du Mas Soubeyran. Le commandant proposa du champagne mais, influencés par la gouvernante, nous nous trouvâmes tous autour d'une infusion de camomille et la soirée prit une teinte de veillée camisarde avec évocation des galères et de la Tour de Constance où nos ancêtres s'étaient certainement rencontrés. Je chantai même quelques psaumes de David dans la traduction de Clément Marot, accompagnée en sourdine par le pianiste du bar, et tout le monde parlait à mi-voix autour de nous jusqu'au moment où le commandant, s'apercevant que l'heure de Cendrillon était passée depuis longtemps, se leva et prit congé de nous, non sans me dire :

– Je compte sur vous tout à l'heure!

Phrase qui parut surprendre l'adorable vieux monsieur. Mais cette surprise n'était rien à côté de la stupeur où le plongea ma réponse :

– J'enlève ma robe et j'arrive!

Ce qui était la stricte vérité puisque je devais passer la nuit sur la passerelle et qu'en Adolphe Lafont j'y serais plus à l'aise qu'en fourreau de dentelle.

C'est en arrivant au poste de radio, en tenue de combat, que je compris l'expression peinée que j'avais lue sur le visage du compagnon de guerre de mon père.

Faridon!

« Trop tard pour expliquer, me dis-je. Tant pis, j'écrirai un livre. »

– Saint-Lys, Saint-Lys, Saint-Lys? répétait l'officier radio.

Dans le calme de la nuit l'appel ressemblait à une sorte d'incantation.

Où que vous soyez sur la mer, quand vous voulez téléphoner depuis un bateau qui parle français, vous devez passer par le poste de Saint-Lys, voisin de Toulouse. C'est là que se groupent et se trient les appels du monde entier.

– Allô, allô, allô, Saint-Lys, du *Mermoz*...

Mais on n'obtenait que des ondes brouillées et des vibrations aériennes.

Puis soudain nous accrochâmes quelque chose. Je ne percevais qu'un murmure confus dans le concert des ondes.

– C'est un cargo qui appelle Saint-Lys, me dit l'officier. Il ajouta : Il est en mer de Chine... et en difficulté... il réclame du secours... on va attendre.

Silence.

« N'avons-nous pas sur la mer immortelle conquis le pardon de nos vies pécheresses? » demandait Conrad dans ses adieux...

Silence.

Brutalement, toute proche, une voix jaillit :

– Saint-Lys, Saint-Lys! A vous *Mermoz*!

On est bête dans des moments comme ça, on crie dans le téléphone comme si on ne s'en était jamais servi, on veut tout dire, tout savoir, si la maison est toujours debout, si le gazon est beau, comment va le chat. Quel temps fait-il à Paris? Bien arrivé? Prêt à repartir! Je te raconterai, tu me raconteras, va vite sur la passerelle, à la semaine prochaine, je t'attends, à Athènes!

A Athènes!

Quel sentiment troublant que celui de la distance et du mouvement! Quand on reste fixé au même endroit, le temps coule comme un fleuve à débit connu. Mais si on va à Leningrad, si on a rendez-vous à Athènes, à Delphes, à Syracuse, on rencontre des jalons, des balises et, dès qu'on les a dépassés, on prend conscience du temps qui ne reviendra pas. Plus.

J'ai dit bonsoir à l'officier radio, j'ai traversé la salle des cartes, j'ai soulevé le rideau qui la sépare de la passerelle. Tout était sombre et muet, Samba, le grand Noir, était à la barre, il n'y avait qu'un lieutenant et un matelot auprès du commandant. Je me suis nommée, puis je me suis tue.

J'aime le silence de la passerelle.

J'aime cet endroit où l'on ne parle que pour le service ou si le commandant vous y invite.

– Deux à la barre, a-t-il dit.

– Deux à la barre, a répété le lieutenant.

– La barre est à deux, a confirmé Samba.

Et la route du bateau s'écrit sur la page liquide et mouvante que l'étrave creuse devant nous. Le bruit des machines, que l'on oublie dans les bruits du jour, nous accompagne. Et, peu à peu, l'œil s'habitue à la nuit et découvre un incroyable éclatement d'îles sur l'eau. La brume se lève comme à l'Opéra sur un miroir éclaboussé de rochers et de forêts naines. La nature fourmille de trolls, du reste les voilà qui nous arraisonnent et grimpent à bord, pardon, c'est le pilote, viking et jovial. Navigation difficile comme un point de savante broderie à l'intérieur des îles, tandis que se précise une longue traînée rose au levant. Et, brusquement, le soleil jaillit de la mer, hublot d'or en fusion, et la parole jaillit de nos lèvres, toujours comme à l'Opéra, pour saluer la beauté du 13 août 1981 se levant sur la Suède, et, derrière nous, queue de sirène luisante et douce, bleu et acier, s'évase notre sillage.

Montant des cuisines, l'homme de quart nous apporte un plein plateau de croissants chauds sur lequel nous mettons nos mains à chauffer comme sur un brasero. Il fait très froid. Le matelot a repris la barre et Samba a fait du thé de Chine. Il est cinq heures. Tous les passagers dorment. Le silence règne sur la passerelle, on n'entend que les chiffres communiqués par le pilote et le commandant. En anglais selon les usages de la mer et le bateau devient femme.

– *As she goes...* [1].

Fatigue. Je suis debout depuis des heures, des mois, des années. Raconter. Écrire. Ne rien oublier. Tout dire. L'aile de l'oiseau qui frôle la vitre comme une caresse, l'odeur salée du vent, la mer...

J'entends battre le cœur du navire. Mais j'entends aussi battre le cœur collectif de ces passagers qui reposent, de cet équipage qui travaille, de ces marins qui veillent et ces sourds battements se mêlent à ceux de mon propre cœur qui reconnaît la musique accompagnatrice de toutes les arches qui transportent nos espoirs.

1. Littéralement : « Comme elle va... » Les marins français disent : « Comme ça... »

Quel jour, à quel moment nous ont-ils adoptés?

Je crois que c'est le jour où la vigne était en fleur.

C'était deux mois plus tôt, pendant la croisière de juin, en Méditerranée.

Escale grecque.

Une treille devant une maison rose dans une rue de Corfou. En remontant à bord, ils ne parlaient tous que de ça :

– Vous avez vu, la vigne est en fleur!

Et, ce jour-là, nous avons su que presque tous avaient les mêmes racines que le héros que nous avions inventé.

Le soir même, nous dînions avec le commandant Blanc et, à l'évocation de ce nom, revient, violente et profonde, toute la brève et merveilleuse amitié qui nous lia à cet homme.

Un homme extraordinaire.

A la retraite depuis quelques années, il était devenu vice-président de la Compagnie. Il paraît qu'il avait fait régner la terreur quand il naviguait, qu'il n'admettait aucune faute, qu'il ne faisait jamais un compliment.

« Comme de Gaulle! » disaient les officiers.

Et malgré cette rigueur, je serais tentée de dire : grâce à cette rigueur, il était adoré. Ce soir-là, nous dînions en petit comité, le commandant Blanc, sa femme, Louis et moi, et nous leur racontions ce que nous savions déjà de notre histoire. Le commandant Blanc écoutait gravement, sa belle tête sévère et attentive, son regard profond posé sur nous, puis il dit :

– Continuez à partager la vie des marins, bouclez le programme de la saison, attendez la révélation de Leningrad, allez en cale sèche à Toulon, étudiez la logistique, puis vous viendrez chez moi, en Provence, pour me dire vos impressions et nous ferons le point.

Alors, brusquement, Louis et moi nous avons eu la même idée. Pourquoi ne pas fixer le rendez-vous à l'autre pôle de notre histoire, au moment des vendanges, pour faire connaissance avec la propriété de Châteauneuf-du-Pape, dans les vignes où le chien dionysiaque rendait ses oracles?

Il y eut un silence. Le commandant a regardé sa femme comme s'il avait brusquement besoin d'elle, elle lui a souri, tout doucement, et il a dit :

– Il faut que je vous fasse une confidence... Je suis un homme très malade. Je ne peux faire aucun projet. Je n'aime pas parler de cela mais je veux que vous le sachiez, parce que, maintenant, vous êtes des nôtres. Voilà. Je ne vais plus jamais nulle part. Ce voyage est un miracle.

Sa femme lui souriait toujours, ils s'étaient pris la main et nous, le cœur serré, nous ne pouvions plus dire un mot. Alors est arrivé un petit lieutenant tout blanc porteur d'un message. Le message émanait du bosco, c'est-à-dire du cœur même de l'équipage au-delà des portes interdites, et ce message du maître de manœuvre nous était adressé à Louis et à moi. Il nous invitait à partager, le lendemain, sur le gaillard d'avant, le déjeuner donné en l'honneur du commandant Blanc.

Ça voulait dire qu'on était adoptés.

– Vous voyez, dit le commandant.

Ce déjeuner... Serons-nous capables de le montrer, de le raconter tel qu'il fut? Miraculeux. De grandes bâches vertes avaient été tendues pour abriter la table du soleil. Mais il n'y avait pas de soleil.

Le brouillard.

Un brouillard blanc, opaque. Pas celui d'Elseneur qui cache des spectres mais celui du Midi qui cache la lumière.

Silence ouaté du brouillard. Le bateau se déplaçait hors du temps, glissait dans un espace inconnu comme un grand vaisseau porté par une poussière d'étoiles. Et, en même temps ça sentait bon comme un maquis corse... Ange a cuit les pâtes *al dente, miracoloso,* le bosco sert un petit vin frais et joyeux qui vient d'une vigne de marin toute proche d'Aléria... Autour du commandant Blanc et de sa femme il n'y a que des officiers, quelques matelots, un mousse. Et nous. Le pacha et le second sont sur la passerelle. Ils veillent... Et tout d'un coup le brouillard a éclaté comme une bulle et ils sont venus nous rejoindre et la mer n'avait jamais été aussi bleue, un rivage apparaissait à tribord, quelqu'un a crié, heureux :

– Regardez! il y a des abeilles à bord!

Bien sûr, à terre, la vigne était en fleur.

Six jours après l'approche de la Suède, la nuit tombe sur Athènes.

Je suis assise sur un lit que je ne connais pas mais sur lequel est préparé un pyjama que je connais.

Je suis arrivée dans l'après-midi, je me suis rendue à l'hôtel et, à la réception, on m'a donné une lettre de Louis. Il risque de rentrer tard. Il faut que je dîne sans l'attendre. Mais je n'ai pas faim. J'ai erré un moment dans les couloirs de l'hôtel. Je n'ai pas vu de Grecs. Je n'ai rencontré que des émirs accompagnés de femmes blafardes et d'enfants d'une laideur merveilleuse. Puis je suis allée dans notre chambre et je me suis assise sur le lit. J'ai laissé la fenêtre ouverte et, à mesure que l'air s'obscurcit, une colline, face à moi, devient de plus en plus brillante et dorée.

L'Acropole.

Irréel, absolument irréel.

Je revois, si proches, les lourdes tentures, les franges de soie, les stores drapés, les sièges capitonnés de velours cramoisi, les nappes blanches, la pendule monumentale, la neige du *smorgenbröd* et le vieux maître d'hôtel pompeux du restaurant Operakamer de Stockholm... Europe du Nord, tapis profonds posés sur d'autres tapis, trophées de chasses sanglantes, aiguières d'argenterie frappées de blasons, désuétude cossue d'un autre versant du Vieux Monde avec, brusquement, ces femmes qui entrent dans le restaurant du pas assuré d'une princesse, d'une dame de Cour, escortées d'hommes rendus invisibles par la beauté de leurs compagnes. Je revois surtout cette grande fille bronzée, splendide, aux yeux glacés, avec sa large robe de dentelle noire, raide et piquante.

J'ai invité les deux commissaires. Ils sont en civil et cela me déconcerte. Je ne reconnais plus les amis qui m'ont ouvert toutes les portes défendues. Nous avons changé d'élément et nous ne sommes plus les mêmes... Régulièrement ils lèvent les yeux vers une chose située dans mon dos. Je me retourne et c'est là que je découvre la pendule monumentale. Ah! c'est vrai, nous avons la permission de minuit. Pas plus.

Que se passerait-il s'ils manquaient le bateau?

Leur vie de marin serait finie, tout simplement.

Dès cet instant, je n'ai pu quitter la pendule du regard, guettant les aiguilles, craignant de les voir s'emballer et d'entendre sonner les douze coups bien avant l'heure, au milieu de la mousse d'airelles d'un gâteau à l'imprononçable nom. Nous sommes partis à pied. Des torches de résine flambaient à la façade de l'Operakamer comme dans les ruines d'un jardin romain. Fragile et magique été nordique. Nous nous sommes arrêtés devant le Palais-Royal où des soldats blonds à cheveux longs montaient la garde auprès des bouches de pierre vomissant l'eau, un voilier illuminé filait sur le canal, une agitation joyeuse, dangereuse, animait toute la ville, comme si on n'allait pas partir, sortilège, comme s'il était impossible de quitter Stockholm si vite, comme si on allait rester et finir la nuit d'estaminet en brasserie, de bar en bistrot de marins ivres et peut-être se réveiller sur des cordages, en plein soleil, ayant laissé filer le navire, la raison, l'avancement...

Irréel, ce dîner de Stockholm. Comme la courte escale dans mon jardin des Yvelines où le chat a cru que je revenais pour toujours. Comme les Alpes survolées tout à l'heure. Terres brunes, brouillards collés aux hautes vallées, solitudes où l'on découvre parfois une maison isolée, neiges cristallisées par le temps, lacs turquoise, nuages blancs moutons...

La porte s'ouvre. Plus barbu, plus blond, plus bronzé que je ne l'ai vu partir, mon mari.

– Zeus! ai-je crié.

C'était bien lui. Sauf le jour de la fête nationale grecque, un dimanche et la fois où je le suivis à bord, je ne devais jamais le voir à la lumière du jour et, telle Alcmène, je ne reçus sa visite qu'avec les flambeaux de la nuit, ce qui fit de ce séjour un véritable épisode mythologique.

– Ton film?

– L'ENFER!

– Vous vous souvenez de ce charmant comédien que vous aimiez tant?... Chose..., là..., vous vous souvenez? Vous l'aviez adoré dans... ah! dans quoi déjà?... dans ce feuilleton délicieux, là... j'ai oublié le nom. Eh bien, le pauvre garçon a été mangé par un crocodile pendant le tournage de *La Fleur du Nil.*

– Vous plaisantez?

– Est-ce que j'en ai l'air?

Et là, forcément, tout le monde éclate de rire parce que, d'accord, c'est triste, mais c'est quand même une mort marrante.

C'est ça le métier de comédien et, si j'en avais douté, je l'aurais compris le jour où je suivis Louis à bord du *Dubaï.*

Oh! le *Dubaï!* Un monstre fabuleux de trois cent soixante-cinq mètres de long, battant pavillon saoudien, qui cuisait en rade de Corinthe sous un soleil homérique.

Beau. Mais terrible.

Le jour où je montai à bord, le chef opérateur se cassa un bras, la semaine suivante un acteur s'assomma en tombant d'une échelle, un autre fut transporté de toute urgence dans un hôpital d'Athènes, puis le metteur en scène fut terrassé par un infarctus, une comédienne se démit l'épaule, quant aux insolations, syncopes, saignements de nez, accès de démence, paludisme, hallucinations, crises de larmes, de nerfs, de cafard, on cessa très vite d'en tenir la comptabilité.

Et Louis?

Chaque nuit, à partir de minuit, je commençais à me tordre les bras. J'imaginais tout. La piqûre de scorpion, la chute dans les soutes à mazout, l'hydrocution, la morsure de rat, la lame de fond... Tout.

Il faillit seulement, une nuit, être jeté à la mer par

une bande de marins guatémaltèques ivres et sanguinaires qui l'avaient pris pour l'armateur panaméen en cavale qui leur devait deux ans de solde et il ne dut son salut qu'à l'agression des marins guatémaltèques par une bande de marins turcs assoiffés de sang qui les attaquèrent à l'aide de poignards recourbés et certainement empoisonnés.

Aucun besoin de chaussures vernies.

Je fis donc connaissance avec le *Dubaï*.

Nous avions mis deux heures pour traverser des banlieues pouilleuses et poudreuses qui auraient dû rougir de honte d'afficher les noms de Salamine, Corinthe, Éleusis. Quand la Grèce se met à être laide, elle l'est de façon olympique. Puis on s'arrêta sur une jetée jonchée d'ordures et de squelettes de poissons desséchés et nous restâmes vingt minutes debout sous un soleil sans ombres, guettant la barcasse qui faisait la navette entre la terre et les quelque vingt pétroliers qui mouillaient au large, dans l'attente qu'un émirat leur ordonnât du fond du Golfe de lever l'ancre pour aller à la conquête de l'or noir.

La traversée n'était pas longue. Une petite demi-heure quand le patron voulait bien commencer par le *Dubaï*. Beaucoup plus s'il s'arrêtait d'abord aux autres unités. Nous avions eu de la chance et soudain la haute structure du bateau avait bouché tout le paysage comme un mur d'acier contre lequel se balançait une interminable échelle aux marches métalliques.

Je fus heureuse de poser le pied sur le pont. Comme on est heureux de retrouver le plancher des vaches, on peut être heureux de retrouver le léger balancement de la mer. A part le léger balancement, on se serait cru sur les Champs-Élysées. C'était immense!

J'embrasse les camarades que je connais, je retrouve

Jojo à qui on a volé toutes ses économies mais qui me dit, philosophe :

– Quand tu viens de voir le coucher de soleil sur le cap Sounion, tu peux pas te fâcher.

Soudain je suis prise de tremblements : qui sont ces figures dantesques, ces Bruegel d'Enfer, ces Jérôme Bosch de la mer qui nous entourent?

– Ce sont les marins du *Dubaï* qui figurent dans le film, me dit Jojo qui ajoute, voyant mon trouble : On a choisi les mieux.

Aussi, quand Louis me dit que le captain m'attend pour me faire visiter son bâtiment, j'ai un instant de panique.

Et pourtant! Quel gentil marin, quel gentil homme que le captain du *Dubaï*!

Seul Grec à bord, il était très fier de sa naissance comme il était fier de son bateau. Il me mena d'abord à la chambre des machines et ouvrit une porte sur le vertigineux précipice de neuf étages au fond duquel des silhouettes minuscules s'agitaient derrière d'énormes turbines. Mon Dieu, moi qui croyais que *Mermoz* était un grand bateau! La tête me tourne mais elle me tourne plus encore quand nous croisons deux marins plus effrayants que Trécor le Borgne et Kadoc l'Encorné, cauchemars des contes de mon enfance.

Le captain me fait les honneurs de la passerelle et me présente son second qui est très beau à bâbord mais qui présente, à tribord, une cicatrice chéloïdienne et chitineuse à faire avorter une chèvre. Je m'extasie sur la sophistication extrême des radars, sonars, chadburns, écrans dont est doté le navire, et le captain, heureux d'être tombé sur une spécialiste, m'ouvre la porte de ses appartements.

Qui ressemblent à tous les appartements de pachas

sur tous les bateaux du monde. Confort, rigueur, absence d'intimité. Un steward borgne amène des rafraîchissements. Heureusement qu'il est borgne car il est déjà difficile de soutenir l'éclat lubrique et meurtrier de son œil unique. Où irions-nous s'il en avait deux!

Citronnade glacée, bords givrés du verre, silence.

– *So,* dit le captain au bout d'un moment, *so... you are writing the story of a sailor?*

Nous nous exprimons tous deux depuis le début en Shakespeare commercial, un Anglais ne pourrait en aucun cas saisir le sens de nos propos mais peu importe, nous nous comprenons fort bien.

Je dis : « *Yes!* » et même : « *I do!* »

Nous buvons notre citronnade et soudain il me raconte sa vie. Sa femme. Ses trois enfants.

Sa solitude.

Sa solitude. Sa solitude. Sa solitude.

La mer. Le Golfe. Les longs voyages. Les longues attentes... Le jour où il a dû amputer un marin d'un doigt dans l'océan Indien...

Il est très bien payé, dit-il, mais quelle somme d'or ou d'argent peut remplacer la vie volée? Les enfants qu'on ne voit pas grandir? Qui ne vous reconnaissent pas? Qui pleurent quand vous les prenez dans vos bras... La femme qui a pris l'habitude de vivre seule...

– *Are you unhappy?* me demande-t-il brusquement.

Qu'est-ce qu'il veut dire? C'est très inquiétant, cette question : « Êtes-vous malheureuse? »

Il m'explique qu'il pense à moi en voyant tourner ce film. Un peu étonnée, je trouve ça très gentil.

– *Your husband is* charmant [1], *and actresses are beautiful...*

1. En français dans le texte.

– *Fortunatly, captain!*

– *My wife is very jealous! She is sad when I leave but she is happy because we have never woman aboard.* Il rit : *It is not so funny than with your friends officers on Mermoz!*

Je suis d'accord, c'est visiblement beaucoup moins *funny*. Sa femme ne le supporterait pas.

Il se demande comment ça va se passer quand il prendra sa retraite dans quelques années. Moi aussi, je me le demande. Heureusement ils auront une belle maison, ça aide. Il la fait construire, superbe, dans l'île où il est né.

Ithaque.

– Ithaque!

J'ai crié. On n'a pas tous les jours la chance de rencontrer Ulysse!

Ithaque...

Il s'est levé et a disparu derrière une porte, puis il est revenu, un livre à la main, cherchant une page... Mais je ne lui en ai pas laissé le temps, j'étais déjà debout et je lui disais :

Lorsque tu te mettras en route pour Ithaque,
Souhaite que le chemin soit long...
... aux marchés phéniciens, arrête-toi...

D'abord surpris, puis pris par la musique universelle de la poésie, gardant à la main, fermé, le livre de Constantin P. Cavafy qu'il savait par cœur, debout devant moi, le captain se mit, lui aussi, sur le même rythme, à dire les mêmes vers en grec :

... ne te hâte point dans ton voyage.
Mieux vaut qu'il dure de longues années...
Ithaque t'a donné le beau voyage.
Sans elle, tu ne te serais pas mis en route.
Ithaque n'a plus rien à te donner...

Ensuite on l'appela pour séparer deux matelots qui se battaient à coups de tessons de bouteille et qui perdaient leur sang dans l'entrepont et j'allai m'asseoir, terrifiée, tout contre la caméra, tandis que le soir tombait sur Corinthe et que les lumières s'allumaient sur la mer, rendant au paysage toute sa noblesse.

Nous avions quitté le centre d'Athènes pour un hôtel au bord de la mer. Là encore on ne rencontre que des émirs accompagnés de femmes blafardes et d'enfants d'une laideur merveilleuse.

Où sont les Grecs? Je crois en trouver à la réception mais le personnel est suisse allemand. Je cherche des contacts, on m'offre des services. Quand on voyage il faut choisir : ou bien la couleur locale avec les cafards, ou bien le confort avec les Suisses allemands.

Je noircissais le papier et ma peau noircissait au soleil de l'Attique. Parfois je descendais nager, et je regardais vivre les clients de l'hôtel.

Je me suis tout de suite fait des camarades. Des petits camarades. Je suis très attirée par les enfants cosmopolites. Ils savent déjà tout de la vie. Leurs mères sont invisibles ou trop belles et eux dépendent de filles « au pair » plus ou moins gracieuses. Celle qui surveille Tancrède et sa petite sœur dit toujours non quoi qu'ils lui demandent, même pour pipi.

« *Te prego, Cristina!* » supplie Tancrède. Il voudrait faire une partie de ping-pong. Comme sa prière en italien n'a eu aucun succès, il insiste en français : « Sois "chic", ma chère Cristina, je t'en prie! *Please, honey!* » Irrésistible, Tancrède, je suis déjà à genoux, mais il doit en falloir beaucoup plus pour toucher Cristina. Alors Tancrède la regarde et il la voit telle qu'elle est. Lourde, bête, pas gentille. Il évalue tout ça, soupire et puis il a un geste fataliste de la main : « *Basta!* »

Il a six ou sept ans. C'est un jeune Européen accompli. Il est charmant et ressemble déjà à l'homme qu'il sera. Sa sœur est exquise. Deux ans. Blonde et ronde. « *Bagnare! Bagnare!* » dit-elle avec concupiscence. Elle est facilement reconnaissable car elle est vêtue d'une absence totale de culotte et d'un surprenant et prémonitoire soutien-gorge. Elle me confie un canard flotteur que Cristina me reprend comme si j'avais des écrouelles.

– Bonjour, madame, me dit Tancrède avec un petit sourire triste et réparateur.

Là-dessus, un garçon de son âge arrive, lui crie : « *Iassou!* » et, naturellement, Cristina s'en mêle et profère dans un anglais dégueulasse qu'il ne faut pas jouer avec des enfants qu'on ne connaît pas et qui n'habitent même pas à l'hôtel, Madame *would be* fâchée.

J'abandonne et j'essaie de faire sourire les enfants des émirs. Impossible. Ils ne nous voient pas. Leurs mères non plus. Je voudrais tellement parler avec elles! Je les regarde, pâles, d'une pâleur de harem aux portes closes, empaquetées dans de longues robes sans forme. Des robes beiges, bleuâtres, verdâtres, grisâtres. Elles portent des chaussures de religieuses et des bas de coton d'avant 14, elles serrent contre elles de grands sacs couleur ventre de boa blême. Leurs sourcils noirs sont à la fois très fournis et très épilés, pas de cheveux, le tchador les cache, pas de maquillage. Elles ne se baignent pas, elles ne prennent pas le soleil, elles ne regardent pas les autres ethnies et jamais je ne parviens à accrocher un regard. Que pensent-elles de nous? de nos cuisses nues? de nos corps caressés de soleil, polis par la vague? de notre liberté? Je ne le saurai jamais. Par contre, un mépris gras, huileux, lourd et sale se lit dans les yeux des émirs. Ils se déplacent en flottilles comme les bancs de poissons qui viennent frôler le rivage. C'est rare de voir un couple. Et pourtant en voilà un. Monstrueux. Lui est un loukoum âgé et luisant; elle, teint au plâtre dans une robe farineuse à tchador crémeux, doit avoir quinze ou seize ans. Voyage de noces? Ils se sont assis à une table proche de la mienne. Aussitôt, un serviteur de leur suite leur voiture des assiettes, des plats, des cruches de jus de fruits. Et, brusquement, la petite créature me regarde. Ce regard me bouleverse. Il dit : « Qui es-tu, toi qui es une femme comme moi? » et mon regard lui pose la même question et nous restons, immobiles, comme si nous avions couru l'une vers l'autre dans un désert et que nous nous soyons enfin rejointes, mains unies dans le silence de la question.

Mon Dieu, que se passera-t-il à la face du monde quand elles vont vraiment enlever leur voile?

C'est ce que je raconte, en ce dimanche soir où je suis avec Louis dans ce petit restaurant couvert de roseaux et de grappes bientôt mûres. Nous avons fui la caserne de luxe qu'est notre hôtel où personne, même pas l'huile d'olive, n'ose confesser la Grèce. Nous avons marché le long des vagues et nous sommes arrivés dans ce modeste endroit qui sent le sel de la mer et le miel de la terre et où tout est vrai. A la troisième bouteille de ce petit vin rouge que la scripte grecque a recommandé à Louis, nous ne savions plus si le *Dubaï* était un Éden flottant qui emmenait des touristes en croisière – chaussures vernies et gardénia à la boutonnière –, si les marins du *Mermoz* étaient d'anciens forçats et nous nous demandions qui avait eu la merveilleuse idée de nous présenter l'un à l'autre.

Ce qu'il nous faut raconter, c'est l'Europe telle que nous l'avons rencontrée cet été. L'Europe qui nous avait été confisquée. Notre Europe de la liberté. Et, pour conjurer les maléfices de notre enfance, la femme que le commandant aimera sera une Allemande.

Près de nous, tapie dans une jarre, doucement, se réveillait cette merveille que l'on nomme la « fleur de nuit » et c'est dans son parfum que nous avons baptisé notre héroïne.

Hildegarde.

Nous sommes restés les derniers sous la tonnelle du restaurant et, quand il n'y eut plus personne que nous, un vieil homme s'est mis à ranger les tables. Il était sérieux, émouvant, ancien. En grec il doit y avoir un mot pour désigner le vieillard-aux-belles-rides, comme il y a un mot pour désigner la déesse-aux-yeux-pers. Il y avait quelque chose de formidable dans sa tranquille façon de ranger, de tirer les tables, d'empiler les chaises. C'était l'ordre du monde qui était entre ses vieilles mains. C'est pour ça qu'il était si beau. Alors, enlacés, nous avons voulu voir comment se lèverait le jour. Nous avons dormi sur la terrasse, portés par un sommeil léger, et c'est le silence de la mer qui nous a réveillés. Cette qualité de silence qui précède les changements de régime, de rythme. Elle était étale, la mer, bleu sombre, avec, au levant, des traînées roses et safran comme dans Homère. Et toutes les lumières de la côte étaient encore scintillantes et même, très loin, au creux d'une île sombre et haute, il y avait une voie lactée lumineuse, boulevard de front de mer, clignotante, à peine perceptible. Le soleil se préparait à jaillir de la mer. Le temps de se retourner et, brusquement, le chant des cigales a éclaté. Le jour était là! Pas la naissance du Jour, pas l'Aurore aux doigts de rose, pas l'annonce de la clarté prochaine, non : le Jour.

Kalimera!

Bel été, oui, bel été insomniaque, corne d'abondance débordant d'espoirs et de signes. Comme cette soirée à Plaka, dans un restaurant désert où de graves étudiants dansent pour nous seuls un sirtaki. Puis arrive un petit bossu, vieux et pauvre, accompagné d'une belle et douce jeune femme, et nous croyons voir entrer Mélissa et tout ce que Lawrence Durrel a reçu de la Grèce et d'Alexandrie. Et, soudain, le bossu se lève et se met, seul, à danser pour Mélissa. Et cette triste soirée pour touristes devient une soirée unique et sacrée. Sacrée comme tout ce qui vint à nous en cet été d'espoirs et de signes où nous galopions, ensemble ou séparés mais toujours unis vers un rendez-vous avec notre métier.

De nouveau nous nous quittâmes. Je rejoignis *Mermoz* à Itea. Je m'assis sur le port vide, devant la mer nue, ma valise à côté de moi. Et puis je vis un petit point naître à l'horizon. Un petit point qui grandit, jusqu'à devenir un bateau, et s'en vint, superbe, s'amarrer au bord de ma valise.

Le bateau était encore loin du quai et on l'entendait déjà chanter. C'était la croisière où tout déborde d'harmonie comme si la nef était une coupe et la musique du champagne. Mais c'est terrible de monter sur un bateau en marche. On a l'impression d'être une fausse note qui tombe dans une symphonie.

« Bienvenue à bord! »

Le rituel pulvérise ma timidité. La cérémonie retrouvée me restitue tous les mécanismes, toutes les clefs. Et celle de l'amitié. Ça fait tant de fois qu'on se retrouve et tant de rendez-vous nous attendent encore. Des messieurs anglais plus élégants qu'un vice-roi des Indes parcourent les ponts, l'archet à la main, exprimant leur allégresse sur des violons historiques. C'est beau!

Mais le plus beau, c'est la montée vers Delphes pour écouter le concert de l'après-midi. On s'élève au flanc du Parnasse. Là-bas, dans le golfe, *Mermoz* est au mouillage au bord de la mer d'oliviers et le sanctuaire attend.

Je baisai le sol, pieusement, geste admirable que je ne saurais trop déconseiller. J'eus des boutons pendant trois semaines. Mais est-ce payer trop cher la vision du toro-piano, tout noir, cornu, luisant, placé au milieu du stade comme au cœur d'une arène? Est-ce payer trop cher la voix des oiseaux se mêlant à la partition? Est-ce payer trop cher la grâce d'avoir entendu retentir d'harmonie ce lieu muet depuis des siècles? Le dernier oracle disait :

« Le temple s'est effondré, Apollon n'a plus d'abri, ni de laurier prophétique, ni de source : l'eau bavarde est tarie. »

Nous étions là, venus de la mer, nous étions là sous le laurier prophétique, et la source parlait et l'eau bavarde chantait.

Imprudent mais difficile de ne pas baiser le sol.

L'Odyssée était terminée mais pas les voyages sur la terre, pas les rencontres avec le temps. Notre histoire dépendait des vents et des saisons. Le vieux chien de Châteauneuf nous attendait dans ses vignes, les dates de la cale sèche, impératives et immuables, nous donnaient rendez-vous à Toulon, le commandant Blanc, dans sa maison de Provence, savait que nous viendrions au rapport.

Et il y eut des chars pleins de grappes, il y eut l'odeur des raisins qui fait chavirer la tête, il y eut cette fête que l'on nomme le « goûter des vendangeurs » et qui dure un jour entier, avec ses comtadines dansant la farandole, ses mestres vêtus comme dans un conte de Daudet, jetant leurs drapeaux crucifères en l'air, tirant de joyeux coups de fusil et levant leur verre de noble vin pour trinquer avec Mohammed qui est là depuis dix ans et boit son Fanta Fruité en disant :« Merci à Dieu, le vin sera bon! »

Et il y eut l'arrivée de notre bateau venant de la lointaine Égypte et nous sur le quai de Toulon pour l'accueillir comme si nous avions quelqu'un de cher à bord, et c'était vrai. Tout ce qui vivait à bord nous était cher. Les passagers, les marins, le commandant. Nous l'aimions, ce bâtiment. Corps et biens, comme on dit dans les naufrages.

Et il y eut le moment où, le dernier passager étant parti, nous vîmes les corps de métiers prendre possession du navire. Engins à crochets, énormes grues, citernes aspirantes, jets d'eau fusants se ruèrent dans le bruit et la poussière pour dépouiller, dénuder, désarmer. Tout ce qui était fatigué, usé, flétri fut jeté par-dessus bord. On arrachait ce qui avait fait son temps, moquettes, tapisseries, tentures; des décors de théâtre s'écrasaient sur le quai au milieu des guirlandes de la dernière fête; et le lendemain, privé de moteurs et tiré par deux remorqueurs, *Mermoz* s'en alla se caler sur les tins de l'Arsenal.

Et nous connûmes là la plus belle des croisières, la croisière immobile du bateau naviguant en cale sèche pour sa révision annuelle. Cri des sirènes, travail majestueux des écluses, grande porte qui s'ouvre devant le navire et se referme, expulsant l'eau et laissant *Mermoz* échoué et à sec. Moment de panique où l'on descend sous le bateau. Des ouvriers ramassent un banc d'anchois surpris par la manœuvre, éclairs d'argent appelant l'eau dans les derniers soubresauts de l'agonie. On lève la tête et la coque est là, brodée de fragiles coquillages. La coque sur laquelle on pose timidement, respectueusement, la main. Un monde impensable s'agite dans l'Arsenal, terrain militaire où l'on n'entre qu'avec un sauf-conduit. Il y a des bateaux de guerre, des petits soldats qui défilent au pas de charge en treillis bleu pâle, des drapeaux, des sonneries, des sirènes, des sifflets, des uniformes et les personnages éternels de l'imagerie de la mer. Un grand Noir au turban rouge, vêtu de cambouis plus que de vêtements, botté comme un Vélasquez. Plus loin, deux Blancs, plus noirs que lui, se dépoussièrent au jet d'air. Nous tournons tout ce que nous voyons, pas pour nous en servir dans le film mais pour le montrer au metteur en scène, parce que vendanges et cale sèche ne reviennent qu'une fois l'an, que ce sont des beautés qui ne s'expliquent pas mais qui se regardent. Depuis Châteauneuf nous n'avons pas quitté la caméra, elle nous a suivis à bord où tout craque car *Mermoz* n'est plus qu'un grand poisson qui cherche son élément et ne vit que pour y retourner.

Et, enfin, au bout du voyage, il y eut la journée où

nous sommes allés faire notre rapport chez le commandant Blanc.

Il avait encore maigri.

Nous savions qu'il faisait des séjours de plus en plus rapprochés à l'hôpital et nous avions envie de partir sur la pointe des pieds, de le laisser en paix, mais il ne voulait pas être épargné. Il balaya nos scrupules d'un geste de commandement et c'est la seule fois où nous lui vîmes ce regard impitoyable qui avait terrifié tant d'équipages.

– Alors? demanda-t-il.

Nous étions dans son bureau, Nautilus tapissé de cartes marines, orné d'ancres rouillées, de sextants, de maquettes, son bureau ouvert sur un océan de vignes. Il écoutait gravement. Il était beau comme un feu qui va s'éteindre. Il recevait tout. Le rire et les larmes. Il ne méprisait aucun détail, aucune péripétie. Il n'avait pas ce sourire amusé et supérieur qu'ont souvent les gens quand on leur raconte une histoire qui se passe dans leur métier. Il ne nous regardait pas comme si nous faisions guignol devant lui. Puis il parla à son tour et, quand nous l'entendîmes citer le nom du commandant Lagarde, nous avons su qu'il existait vraiment. Le temps passait et, s'il revenait sans cesse sur des détails de technique, de logistique, de navigation, son étonnante collaboration ne s'arrêtait pas aux choses de la mer, il voulait aussi tout savoir du cœur de notre héros.

– Parce que, nous dit-il, ce qui fait le marin, c'est sa femme.

La sienne n'a pas dit : « Tu vas te fatiguer, ménage-toi, repose-toi. »

Ce qui fait le marin c'est sa femme, ils étaient dignes l'un de l'autre.

Il devait être épuisé mais je crois qu'il était heureux.

On s'est quittés très tard.

On s'était tout dit.

Il voulut nous raccompagner jusqu'au portail et, dans la nuit pleine de criquets, sous la lumière mouvante d'une lanterne, il nous retint un instant encore :

– C'est bien. Vous avez compris quelles sont nos raisons de vivre...

Cher commandant.

Il lui restait si peu de temps avant la fin du voyage. Quelques semaines plus tard, à la limite des vignes et de la montagne, il s'en alla reposer dans une tombe à l'abri du vent.

Une vraie tombe de marin.

LE CHANGEMENT

Nous étions partis longtemps.

A « Coin-Perdu » les cartons d'invitation s'amoncelaient.

Paris s'éclatait de fête en fête.

Pour nous qui remontions de la cale sèche, le casque de protection à peine enlevé, le retour était ahurissant.

En déclarant au Congrès de Valence que les têtes devaient tomber, Robespaul avait déclenché la Terreur Rose et donné un petit côté Incoyable à la rentrée. C'était Méveilleux!

C'était le Changement.

Qu'est-ce qui avait changé?

Le comportement des Français.

D'abord la capitale fourmillait d'émigrés.

Je dis bien « émigrés » et non pas « immigrés ». Les immigrés, on avait l'habitude, mais maintenant, en plus, il y avait les émigrés.

A ne pas confondre avec les Émigrés, les émigrés.

Les Émigrés de l'Ancien Régime (prise de la Bastille – 14 juillet 1789) s'en étaient allés conspirer à Coblence, nos émigrés de l'ancien régime (bal de la Bastille – 10 mai 1981) étaient restés pour conspirer à Paris.

Autre nouveauté, depuis que la France était socialiste, elle s'habillait pour dîner. Moi, ça m'arrangeait. Je n'aurais jamais cru pouvoir amortir si vite les robes du soir que j'avais emportées en croisière. Si l'on avait inspecté mes ourlets de trop près, on y aurait vu la trace des embruns, du cambouis et de la graisse des machines du *Mermoz,* mais peu d'atours, vive Dieu! pouvaient se vanter d'avoir autant bourlingué que les miens.

Ce qui nous plut au début c'est qu'on ne pouvait jamais savoir si on allait sabler le champagne avec la majohité ou l'oppohition, c'était tehible! Et ce n'était point parce qu'il y avait des perruques poudrées et des laquais en habit à la française que l'on en devait conclure pour autant que l'on soupait à l'armée des Princes.

Nous retrouvions chaque soir (nous sortions beaucoup) les mêmes valets gantés de blanc; de dîner en dîner nous échangions des clins d'œil complices avec Flambeau, nous étions littéralement transportés dans *La Filleule des abeilles*, à la veille des Cent-Jours. « Aimez-vous la violette? – Elle refleurira au printemps! »

A défaut de violette, la rose nous aidait à deviner les opinions politiques de nos amphitryons. Mais que penser devant une corbeille de freesias et de renoncules? Et de ces gens surchargés de titres de noblesse et de titres de placement qui avaient voté pour la gauche rien que pour faire enrager bonne-maman et aussi pour se débarrasser « du » Giscard?

Mes abeilles avaient bien raison quand elles disaient : « On n'a jamais tant bu que depuis qu'on est au pouvoir! »

Partout on levait son verre.

Mais à qui?

Voilà une chose que je n'osais jamais demander.

« Il reviendra! » disaient les uns.

« Il arrive! » disaient les autres.

« Il est là! »

« On a gagné! »

« Tout est foutu! »

Un soir si particulièrement brillant que nous crûmes être tombés dans une cellule de la gauche aux bijoux – celle qui vous rend fou, c'est une enjôleuse! –, une dame, vivant chef-d'œuvre de Vaucanson, fondit sur moi en agitant un bras long, maigre et décharné comme un cou de vautour.

– Il est content, votre père? Il est fier d'avoir soutenu Mitterrand? Je croyais pourtant qu'il aimait la France!

Ma réponse ne pouvait en rien laisser supposer que j'avais été élevée à Versailles sur trois marches de marbre rose.

Ma réponse me fit du bien.

Mieux que ça : elle nous sauva.

Car, de darne de saumon en croustade de bœuf, de poularde demi-deuil en omelette norvégienne, nous étions menacés de choper, vite fait bien fait, une silhouette de Premier ministre.

Nous risquions gros.

Nous décidâmes de rester chez nous.

Adieu, Flambeau, adieu ultras et sans-culottes! Nous ferons maigre à la maison.

C'était plus prudent car, autre changement, la circulation était devenue dangereuse. Les feux rouges faisaient l'unanimité. Tout le monde les brûlait, la majorité comme l'opposition. Et dans tous les sens car, si on roulait encore à droite comme avant le 10 mai, on roulait AUSSI à gauche.

Prudemment, nous plongeâmes dans l'encrier.

Oui, il était content, l'Incorruptible, et il était fier. Il avait même rajeuni. Oh! pas beaucoup, il avait été malade tout l'été, mais quelque chose lui avait rendu confiance, il avait retrouvé l'espoir d'être utile. Il me faisait penser à ce vieil ouvrier qui pleurait le soir des élections présidentielles et qui disait, dans la rue, devant une caméra : « On a retrouvé la fraternité de 36! »

Était-ce une conséquence de la fraternité? Les premières têtes commençaient à tomber. Pas dans la sciure. Mais dans les paniers de la télévision et de la radio.

De nouvelles têtes apparaissaient un peu partout. Relativement nouvelles car Giscard, qui, lui, était vraiment socialiste, s'était acharné à séduire ses adversaires et les avait gardés bien au chaud dans ses services. Ni ses amis ni ses ennemis ne lui surent gré de ce goût du pluralisme.

Vers la fin du mois d'octobre, le responsable du département fiction à TF1 se vit retirer la moitié de ses attributions. Claude Désiré gardait le contrôle des projets de la S.F.P. mais perdait celui de tous ceux qui concernaient les maisons privées mandatées par la chaîne.

C'était lui qui avait reçu notre scénario et en avait confié la production à Technisonor.

Qu'allions-nous devenir? Le directeur de Technisonor nous rassura. Il se faisait du souci mais certainement pas pour nous. Avec tout ce qu'on avait dans notre corbeille de mariage, il était bien tranquille! *La Demoiselle d'Avignon* comme carte de visite, la rigueur de notre préparation pour suivre et enfin toutes ces autorisations de tourner là où, généralement, on ne peut pas : dans les caves, dans les cales, dans les chais, sur les ponts, dans les vignes, sur la mer... Ce n'est pas tous les jours qu'on amène *Mermoz* et l'accord de la compagnie Paquet dans un plan de travail!

C'est vrai, le vent soufflait dans nos voiles et nous étions très heureux comme toujours quand on a la chance de pouvoir faire son métier.

Le 8 décembre 1981, je reçus le prix Roland Dorgelès pour *La Chambre de Goethe* au cours d'un déjeuner absolument sublime, chez Drouant, où je ne pus ni manger ni boire tant je tremblais de joie et d'émotion.

Puis nous allâmes, Louis et moi, embrasser mes parents et nous réjouir avec eux. Je tremblais toujours. Mes parents étaient radieux.

– Tu vois! dit mon père comme si la gauche tout entière avait voté pour moi.

Puis il me demanda à quel tirage en était mon livre. Lui qui fit preuve durant toute sa vie d'un total désintéressement en ce qui concernait sa propre littérature se passionnait pour mes droits d'auteur, je le soupçonnais même de les majorer honteusement quand il en parlait à ses Camarades du Jeudi.

J'annonçai un chiffre.

– Tu vois! répéta-t-il comme si la gauche tout entière s'était mobilisée pour me lire.

L'annonce de l'augmentation des budgets réservés à la création le remplissait de joie comme la venue d'un âge d'or. Allait-on pouvoir fournir?

– Quand je verrai le président de la République, commença-t-il, il faudra que je lui dise...

A ce moment précis, le téléphone sonna.

C'était Technisonor.

Il y avait du nouveau.

Le remplaçant de Claude Désiré venait de refuser les six projets, cinq feuilletons et un film, retenus par son prédécesseur.

Trente et une heures trente d'antenne.

Parmi le lot, *Le Commandant Lagarde.*

Évidemment puisque tout était refusé.

Trente et une heures trente...

Et il ne s'agissait que des projets de Technisonor pour TF1.

Le seul aspect positif de ce coup de téléphone fut que je cessai brusquement de trembler.

Nous nous regardions avec stupeur. En un instant, tout notre travail venait d'être effacé. Un été irréel qui, tout à coup, comme chassé par le vent, n'existe plus. Un été englouti comme la ville d'Ys. Des images, des lambeaux de phrases, des visages se bousculaient dans l'incohérence de la mémoire blessée. Tempête qui secoue le canot devant Calais où je vais rejoindre *Mermoz* en pleine mer..., golfe de Finlande : « A bâbord Kronstadt »..., odeur des foins coupés qui traverse le bateau depuis les deux rives du canal de Kiel, navigation entre Charybde et Scylla, bruit rassurant des pistons dans la chambre des machines..., avons-nous rêvé?

Et puis ma mère dit :

– C'est très encourageant.

Encourageant?

– Enfin, souvenez-vous! Être refusés, c'est de très bon augure! Avez-vous oublié *La Demoiselle d'Avignon*?

– Vous avez vécu un véritable conte de fées avec ce feuilleton! nous a-t-on souvent dit.

C'est vrai.

Un conte de fées...

Comme *Peau d'Ane* et *Cendrillon*, et je vous ai déjà confié que torchonnage et godronnage sont les deux mamelles de la féerie. Et que, pour que la féerie soit vraiment la féerie, elle doit être vécue en guenilles et sans le secours de Paic Citron.

La Demoiselle d'Avignon fut refusée trois fois.

Novembre 66... Juin 67... Mai 69...

Personne ne nous prenait au sérieux. Nous faisions rire et nous faisions peur. Il faut dire que nous avions tracé la carte du royaume de Kurlande, inventé une langue, créé des héros dont le destin se recoupait avec celui de l'Europe, écrit une constitution... Quand je sortais mon grand cahier marqué aux armes portant lilas sur fond de hareng, frappé de la fière devise : « SANS ESSAYER N'AUCUN SUCCÈS », les gens pouffaient. Nous étions devenus les fadas de l'Office.

Aussi avons-nous écrit six heures de feuilleton sans avoir la moindre assurance qu'il serait tourné. Aucune assurance mais la certitude. Fadas. Nous écrivions, en mangeant des nouilles car nous étions très pauvres.

Depuis ce temps, je suis devenue reine en nouilles : au persil, aux coques, à l'ail, aux champignons, au jambon, à la crème, à la tomate, au thon, à la mayonnaise, à la compote, aux escargots, au gratin, *al dente,* aux restes de poulet et, quand ça allait vraiment mal, aux restes de nouilles.

Quand le texte tomba entre les mains des lecteurs de l'O.R.T.F., ce fut un véritable carnage.

Débile, indigent, infantile.

Le dernier rapport disait même :

« Après avoir vécu l'aventure libératrice de mai 68, la France entière refusera cette niaiserie. »

Nous avions demandé un rendez-vous. Sans succès. Une fois. Deux fois. Trois fois. Enfin le rendez-vous fut accordé, il fallait bien se débarrasser de nous, et nous comparûmes devant Yves Jaigu qui avait lu les rapports de ses services et paraissait fort ennuyé de nous voir.

– Je n'ai que dix minutes, dit-il.

Deux heures plus tard, nous quittions son bureau au milieu des rires et des poignées de main, le feuilleton était accepté et une amitié commençait.

Commençait aussi une période de folie dont nous ne serions pas sortis vivants si nous n'avions pas été les Trois Mousquetaires. C'est-à-dire si nous n'avions pas été quatre, Michel Wyn à la mise en scène et Serge Friedman à la direction de production s'étant joints à nous.

C'était dur de faire un grand film en couleurs avec un petit budget de noir et blanc, quand l'un de nous s'écroulait, les autres le relevaient, lui disaient : « Tu te rends compte qu'on est en train de le tourner ce feuilleton! » et la mécanique repartait.

Inutile de préciser que nous avions mis notre point

d'honneur à ne tenir aucun compte des remarques judicieuses des lecteurs officiels. Fadas, oui. Fous, non.

Et, un jour, *La Demoiselle d'Avignon* fut terminée.

Eh bien, personne n'en voulait de cette pauvre *Demoiselle*! Les chaînes se la renvoyaient comme un ballon maudit! Les présidents se la refilaient sans oser la regarder. Jusqu'à ce que Pierre Sabbagh en ait vu dix minutes dans son bureau. Dix, parce qu'à la onzième il l'avait déjà programmée. Et alors, là, vraiment, le conte de fées a commencé!

Non, quelque chose de plus beau : la rencontre avec la réalité.

La rencontre avec VOUS.

Dès le premier épisode ça a éclaté. « Coin-Perdu » a été pris d'assaut dans la nuit, envahi d'amis, de copains, de journalistes, de photographes, d'inconnus... Les lettres se mirent à tomber comme des marrons en automne, le téléphone s'affolait, les demoiselles des P.T.T. qui nous lisaient des télégrammes nous disaient : « Je vous aime! » Des cadeaux débarquaient : du pain qu'un boulanger fit pour nous pendant une année entière parce qu'il voulait « être sûr qu'on mangeait quelque chose de propre », un arbre qui continue de grandir dans le jardin, un fromage grand comme une roue de charrette, des nappes brodées aux fameuses armes de Kurlande et, offrande symbolique de la ville d'Avignon, une pierre du palais des Papes.

« Venez! » disaient les gens et nous partions dîner chez des notaires, des vignerons, des marins pêcheurs, des duchesses, des mineurs, des routiers, des gardians, des docteurs et des poètes. Des écoliers nous invitaient pour leur temps libre, au bout de la France, et on y allait et c'était bon de les entendre...

C'était par sacs que le courrier arrivait.

« Nous sommes tout feu tout flamme pour *La Demoiselle d'Avignon*! » écrivaient les pompiers de tous les coins du pays.

Un jour, un ami nous confia que Valéry Giscard d'Estaing, alors ministre des Finances, avait adoré le feuilleton et qu'il n'en avait manqué aucun épisode. D'ailleurs, quelque temps plus tard, nous reçûmes une lettre émanant de son ministère.

C'était une convocation, priant Louis de se rendre, dans les plus brefs délais, rue Becquerel. Il s'y rendit, intrigué, et là un monsieur lui annonça sans rire que nous allions bénéficier de ce qu'on appelle une « enquête fiscale approfondie ».

Pour nous qui sortions des nouilles et qui avions acheté, à crédit, notre première télé couleurs pour voir *La Demoiselle*, c'était une promotion sociale inespérée.

Une note confidentielle accompagnait notre dossier :

Ni dénonciation. Ni présomption de fraude. Motif : NOTORIÉTÉ.

Le citoyen Velle en perdit momentanément l'usage de la parole. Le monsieur qui l'avait convoqué dut prendre ce silence pour un indice de mauvaise conscience car il commença à poser des questions. Pourquoi n'avions-nous pas déclaré les sommes perçues lors des passages dans les émissions de Bouvard, de Chancel, de Guy Lux? Et les piges relatives aux couvertures de *Télé 7 Jours*, *Jours de France*, *Télé Poche*?

Il fut très étonné en apprenant que les émissions de promotion n'étaient pas assorties d'un cachet. Il n'en revint pas de s'entendre dire que non seulement on n'était pas payé pour une couverture mais qu'on disait merci.

– Je me renseignerai, dit-il, sceptique.

Il se renseigna, vit que c'était vrai et demanda à Louis de ne pas lui en vouloir de sa méfiance; il venait de passer un an sur les prostituées et découvrait le showbiz avec nous.

Cette découverte devait le passionner car il se pencha longuement sur les chéquiers de Louis concernant les cinq dernières années. Cela dura quatre mois. Puis il voulut voir les miens.

Il les eut.

Et ce garçon tout à fait brillant à qui ses parents avaient fait faire des études supérieures, ce cerveau qui avait réussi des examens et des concours pour être à même de veiller sur les finances de la Nation, cette tête bien pleine enfin passa des semaines à éplucher mes carnets de ménagère.

Nouilles : 12,20 F
Boucher : 32,53 F
Épicier : 58,35 F
Nouilles : 13,85 F
Pharmacien : 42,20 F
Nouilles : 16,10 F...

Ça me ravageait de le voir perdre son temps, et le nôtre, à refaire les comptes de mon ménage!

La nuit qui suivit notre premier rendez-vous, pardon : ma première convocation, je ne dormis pas. Je répétais : « Il est correct », et ce mot, avec tout ce qu'il amenait de souvenirs et d'angoisses, ce mot exact me faisait frémir.

Motif : NOTORIÉTÉ.

Franchement, j'aurais préféré la Légion d'honneur.

Les bureaux, horrible détail, étaient installés dans un immeuble construit pour être exploité en appartements. Cela donnait un côté rue Lauriston à l'entrevue. On se demandait s'il y avait des baignoires...

Le temps passait et la méfiance persistait. Il s'en expliqua à Louis :

– Nous ne comprenons pas que vous ayez si peu de choses à déclarer... Tenez, vous n'avez pas de part de chasse...

– Je ne tue pas les bêtes.

– C'est votre droit, mais, regardez, vous ne jouez pas au golf, vous ne faites pas de ski, vous n'avez ni bateau, ni avion, ni résidence secondaire... juste une employée de maison.

Et des nouilles.

Alors, un jour, c'était fatal, il crut en nous et il nous remit cette chose rarissisme qui s'appelle un dossier zéro et qui voulait dire que nous étions blancs comme neige et gueux comme des rats.

Nous le savions depuis toujours.

Il avait fallu quinze mois d'enquête.

Mais le plus beau – excusez-moi mais la farce n'est pas encore jouée –, le plus beau, c'est ce que Maurice Clavel écrivit dans *Le Nouvel Observateur* :

« Que tout irait bien en France, pas vrai, avec six *Demoiselles d'Avignon* dans l'année, les plus aimables, les plus efficaces gardiennes de l'ordre...! »

Avoir lutté contre l'autorité pour pouvoir faire son métier, avoir tourné dans les plus dures conditions, s'être heurtés à la même autorité indifférente pour la sortie du feuilleton, avoir eu un triomphe populaire, l'avoir payé par une enquête fiscale affligeante et apprendre dans la presse que nous étions au service du pouvoir, c'était beaucoup. Louis répondit à Maurice

Clavel qui lui répondit et, à force de correspondre dans les colonnes du *Nouvel Obs*, ils se rencontrèrent et nous eûmes le temps de devenir amis avant que Maurice ne nous quittât pour toujours.

– Vous voyez bien que ce refus n'a rien à voir avec le régime! dit mon père.

– Je maintiens ce que j'ai dit : c'est très encourageant! dit ma mère.

– De bon augure!

Ils étaient si convaincants que le coup de téléphone nous apparaissait maintenant comme un épisode indispensable de la marche vers le succès. Pour chaque feuilleton il doit falloir admettre l'existence de figures de danse rituelles comme pour le mariage des aigrettes. De refus en refus nous allions nous retrouver à bord en train de tourner et, la chance aidant, il ne nous était pas interdit d'espérer une deuxième enquête fiscale approfondie.

« Je suis heureux de pouvoir vous envoyer mes félicitations à l'occasion du prix Roland Dorgelès qui vient de vous être décerné.

« Ce livre n'intéresse pas seulement le ministre de la Culture parce qu'il s'agit d'une œuvre littéraire mais aussi parce qu'il évoque au milieu des drames de la guerre les efforts du conservateur des musées nationaux, votre père André Chamson, pour mettre à l'abri une part essentielle de notre patrimoine artistique, les trésors du musée du Louvre. »

Ça m'a fait plaisir de recevoir cette lettre de Jack Lang.

Et puis elle m'était vraiment adressée et pas à « Monsieur Frédéric Hébrard » comme au temps où j'étais le petit bonhomme du dernier septennat. Quel progrès!

– Tu vois! m'a dit l'Incorruptible.

LE VOYAGE D'HIVER

Le vent nous a poussés vers cette île.

Crête de dragon qui émerge de l'Atlantique, Madère est une station spatiale de l'histoire du monde. C'est là que nous essayons de reprendre notre souffle et nos esprits, c'est là que nous nous préparons aux prochaines figures de la danse nuptiale des aigrettes.

Jusqu'ici tout se déroule normalement, c'est-à-dire mal.

Le remplaçant de Claude Désiré a déclaré qu'il verrait chacun des auteurs refusés, qu'il les appellerait personnellement. Il ne l'a pas fait mais, comme il est venu déjeuner à la Société des auteurs ainsi que tous les nouveaux responsables des chaînes, on a pu se faire une idée de son programme. Il a dit qu'il était temps de faire cesser l'impérialisme culturel français, ce qui est très encourageant.

Il avait l'air étonné que nous n'ayons pas déjà un rendez-vous et, ma foi, au bout de sept coups de téléphone on en a eu un.

Le 23 février. Bien sûr, maintenant, en admettant qu'on reprenne la production, nous sommes en retard sur le calendrier mais on s'en sortira en mettant les bouchées doubles dès qu'on aura le feu vert. L'essentiel, c'est d'être en forme. C'est pour ça qu'on est venus ici.

On est venus aussi parce qu'il y a une scène très importante du feuilleton qui se passe dans cet hôtel pendant une escale de *Mermoz*...

Le Reid's.

Nous travaillons avec fureur, et, quand nous sommes fatigués, nous regardons les Anglais qui constituent 98 % de la clientèle. C'est un superbe spectacle.

Il est 3 heures p.m., le vent souffle avec force de la mer. Tout à l'heure j'ai voulu sortir mais la tempête m'a suffoquée. Le salon aux colonnes victoriennes est plein. Louis joue au bridge avec « un grand personnage de la Cour », m'a dit le portier, une *baroness* et une dame qui ressemble à Charles Laughton et qui élève de l'angus (bœuf sans cornes) en Écosse.

Alors je suis allée jusqu'au salon de correspondance où de grands buvards verts, des encriers au chiffre du Reid's et de vrais porte-plume attendent l'inspiration des clients. Ce ne sont pas des sergent-major mais leurs homologues anglais... Depuis combien de temps n'ai-je pas trempé une plume dans l'encre?

Je suis dans une île, à Madère, au Portugal...

J'écris avec autant de maladresse si j'étais encore une petite fille. Oh! j'ai fait un pâté! Il s'étale comme une étoile grossière sur le beau papier de l'hôtel... je l'adore, ce pâté ! Je le regarde avec tendresse, il a les couleurs de l'enfance, de l'école, comme mes doigts pleins de taches. Il me dit que j'ai encore beaucoup de choses à apprendre et je l'en remercie. Pour un peu je tirerais la langue comme au temps de la Saint-Charlemagne. De toute façon je ~~pense~~ tirer la langue ou faire les pieds au mur, rien ne troublera les deux gentlemen qui lisent "Field" et "Country" sans proférer any word.

« Forme bien tes pleins et tes déliés... », me disait cousine Mathilde quand venait l'heure amère des devoirs de vacances.

« Une bonne écriture est une politesse..., ne charge pas trop ta plume..., recevoir une lettre doit être un plaisir... », et mémé, au-dessus de son tricot et de ses lunettes, approuvait, prête à alourdir le plateau de la balance d'un peu plus de sévérité pour faire bonne mesure.

Gentleman « Field » vient de dire quelque chose de très élevé en décibels et de totalement indéchiffrable à Gentleman « Country » qui lui répond dans la même gelée inarticulée à haut niveau et les voilà qui se lèvent.

Si l'on peut dire, car le premier n'a qu'une jambe et circule en petite voiture.

Quel peuple ces Anglais! Comme ils se sentent bien le long de ces couloirs sous ces ornements d'un autre âge...

L'encre a séché sans le secours du buvard...

Je suis dans une île, à Madère, au Portugal...

J'ai tourné le dos à ma Méditerranée, franchi les colonnes d'Hercule et affronté la Mer Libre, terreur des Anciens. Mais où que j'aille, je viens toujours du même endroit, de ce boudoir de verdure, de ce jardin du Languedoc où j'allais m'asseoir à l'ombre du laurier en la compagnie d'un livre à la tranche d'or sous la garde du nain Nebectamus.

Vous doutez-vous que j'étais partie pour "Le Grand Tour" dépeint dans l'Introduction du Temps des Croisades, en ce jour d'été où je m'en fus quérir un panier de légumes et

Le Sel de la Terre chez un Juste ?

Comme si l'encre était un philtre et permettait de voir l'invisible, je vois Jeanne Hébrard et cousine Mathilde, je les vois ces deux femmes qui furent des jeunes filles au XIXe siècle, je les vois, immobiles, attentives, muettes, écoutant l'écho de leur race. Elles me rattachent au passé le plus ancien qu'il me fut donné de connaître. Contact charnel avec ce qui fut ma lignée, permanence de la condition de femme. La fille de Frédéric Hébrard est la grand-mère de Frédérique Hébrard. Le sang révolutionnaire des camisards coule dans les veines de mes enfants catholiques...

Catholique! Quel mot ai-je lâché!

Les ombres se sont évanouies.

Revenez, mes huguenotes, revenez mes indomptables! Revenez regarder la Réalité!

Revenez constater l'état du monde.

Et réjouissez-vous au son de ma voix comme je me réjouirai un jour si une petite fille à moi me convoque pour me raconter son temps.

Tout a changé.

Tu sais déjà que la femme vote, t'ai-je dit qu'elle était élue? L'as-tu confié à ta « pauvre cousine qui avait des idées de droite »? Car vous n'étiez pas tellement d'accord, hein? Ça ne vous empêchait pas de vous aimer et vous aviez bien raison.

Je disais donc : tout a changé.

Maintenant nous prions avec les catholiques.

Enfin quand je dis « nous »... Je suis toujours païenne, Jeanne Hébrard, avec ce cœur religieux que tu as forgé de tes prières. Je suis une païenne absolue. Absolument respectueuse de toutes les prières, de tous les dieux et, par conséquent, de tous les hommes. C'est pour ça que, quand j'ai rencontré Louis au Conservatoire... Musicien? Non, il n'est pas musicien, il est comédien. Comment? Ne me faites pas rire, choisissez : ou bien vous lui reprochez d'être catholique, ou bien vous lui reprochez d'être excommunié. Pas les deux.

Écoutez-moi bien, le jour où on s'est rencontrés, lui et moi, il fut évident que nous ne pourrions plus jamais vivre l'un sans l'autre. Mais, bien que nous fussions fort jeunes, ce n'était pas la rencontre de deux enfants qui allaient découvrir l'existence avec le même regard. Nous étions déjà façonnés.

Je regardais avec étonnement ce garçon qui avait grandi dans une évidence simple. Le catholicisme romain. Et, pour la première fois, paradoxalement, je regrettais de ne pas être, de mon côté, tout simplement aussi, protestante. Louis aurait pu tenter de me « sauver ». De me faire prononcer la formule d'abjuration : « Je me réunis. » Nous ne l'aurions supporté ni l'un ni l'autre. Se convertir pour faire plaisir à quelqu'un qu'on aime ou pour obtenir quelque chose m'a toujours paru monstrueux. Quant au marchandage de Clovis posant ses conditions à Dieu, j'en suis encore honteuse pour lui. « Si tu me donnes la victoire... » Quel manque d'éducation!

Je vous raconte tout ça, camisardes, parce que je sais maintenant qui est Louis avec ses grands-parents normands, alsaciens, basques et franc-comtois, je sais qui il est, ce catholique. Il est votre enfant.

Comme moi, il est l'un des derniers survivants de la génération du martinet. Celle à qui l'on a dit : « Si tu n'es pas sage, le bon Dieu te mangera! » ... et qui l'a cru.

Nous avons grandi tous deux, séparés par l'espace et les idéologies, mais unis par les mêmes principes.

Dieu, la Patrie, la Famille, le Travail, la Parole donnée, le Respect du bien d'autrui.

Vous nous avez fait là un beau cadeau. Si vous saviez ce que ça fait rigoler les gens maintenant!

« Travaillez, prenez de la peine, vous en serez récompensés (!) », je me souviens très bien de tout ça. Vous me l'aviez fait copier et apprendre par cœur en cet été du Front populaire qui avait poussé André et Lélette jusqu'à Leningrad et même et moi jusqu'à Congénies.

Ce texte visionnaire sortait d'une vieille grammaire qui venait en échelon refusé tout juste derrière la Bible.

Parce que la Bible c'était

Dieu et la grammaire c'était la République

Je l'ai conservée la "Grammaire de M. M. Larive et Fleury" et si, d'aventure, je l'ouvre, le texte me revient comme si vous étiez encore là pour me le faire réciter :

"Pourquoi remettre à demain ce que l'on peut faire aujourd'hui ? Épargnez, soyez économes, sobres, frugaux ! Mentir est honteux, travailler est honorable, si vous voulez gagner de l'argent vous choisirez la probité et l'assiduité pour compagnons et n'oubliez jamais de conserver un sou de reste après toutes vos dépenses comptées et payées ; alors vous aurez atteint le Comble du Bonheur !"

Vous nous avez armés pour la vie.

Ne soyez pas étonnées si je

suis maintenant un peu paumée, pardon : un peu perdue.

Aussi...

Le jeune valet portugais qui ramasse les cendriers a fait fuir les ombres nées de l'encrier. Il me sourit et désigne quelque chose qui se passe dans la piscine. *Good Lord!* Gentleman Field et Gentleman Country ont jeté cannes, béquilles et petite voiture par-dessus les moulins et, joyeux comme un couple de labradors, ils font des longueurs au milieu des rafales de vent.

– *83 and 92 years old they are,* dit le valet qui s'exprime, comme le captain du *Dubaï,* en Shakespeare commercial, langue que je maîtrise de mieux en mieux.

Il me dit que le plus vieux, celui qui a deux jambes, est un ancien entraîneur des chevaux de la Reine – la grand-mère – et que, tous les matins, il nage en pleine mer.

Puis il m'informe qu'il va être 4 heures p.m. et qu'il doit aller ouvrir les portes.

– Madame peut-êtrement venir? demande-t-il en inhabituel Molière diplomatique, et cet effort linguistique suffirait à me pousser à le suivre si je n'étais pour d'autres raisons une fidèle de la cérémonie du thé.

5 h. 30 p. m.

Pardon, mémé, pardon cousine Mathilde, de vous avoir abandonnées! Je vais tout vous raconter.

Il se passe des choses ici.

Tous les jours, à quatre heures, on prend le thé. C'est un rituel immuable comme un salut aux couleurs. Personne, à part quelques barbares sans importance – mais ces gens-là boivent-ils du thé? –, personne ne s'aviserait de demander une tasse du précieux breuvage avant que le maître d'hôtel ait déclaré le thé ouvert en inclinant majestueusement la tête.

Dieu sauve la Reine!

Le Reid's est un minuscule dominion. Sas de décompression posé fort à propos sur la route du retour des Indes au temps de la voile et de la vapeur, Madère semble avoir été épargnée au moment de l'engloutissement de l'Atlantide pour permettre aux Anglais de passer confortablement de la mousson aux *fogs,* une tasse de thé à la main.

Il suffit d'assister une fois à la cérémonie pour comprendre.

Après la majestueuse inclination de tête, les jeunes valets ouvrent les portes de la galerie couverte où les tables, ainsi que celles du grand salon, sont juponnées de ces nappes glacées et brodées, orgueil de l'île. Alors, sans bousculade, on prend place comme à la Chambre des Lords et on attend. Car nul ne se permettrait de boire son thé avant la vérification du *tea-pot.* Le maître d'hôtel soulève le couvercle d'argent et on peut lire sur son visage une expression glacée ou ineffable. Si le thé lui paraît à point, il incline de nouveau la tête et le match de cricket peut commencer.

Le chariot des douceurs passe sans bruit sur ses roues de caoutchouc, croisant la voiture de Gentleman Field quand il n'est pas en train de s'ébattre dans la piscine. Une escouade de moineaux voyous, envolée tout entière des cartons de Tex Avery, se tient à ses marques sur la balustrade anglo-indienne, prête à foncer sur les miettes, patinant sur le dallage de marbre noir et blanc, finissant de longues glissades sur le derrière pour piquer du bec un atome de cake, une parcelle de marmelade, un soupçon de chocolat avec une infinie vulgarité mise en valeur par la distinction générale.

Et – même si un gros mot échappe aux petites bêtes – les Anglais sont très heureux...

Vous êtes toujours là ?

Tant mieux.

Je vous parle beaucoup des Anglais car je suis frappée par leur évidence. Dans ce lieu fait à leur image ils sont si heureux que, parfois, la mort fait semblant de les oublier et l'on croise, au détour d'un couloir, de très vieux esquires qui se dirigent vers la salle à manger. La porte à double battant ne s'ouvrira que beaucoup plus tard mais ils savent que le trajet est long. En smoking, chaussés de fines chaussures au vernis craquelé, la chemise impeccable, ils se hâtent à petits pas vers le sanctuaire où ils ne mangeront et ne boiront presque rien mais où ils figureront au milieu de leurs pairs et cet effort délibéré et inutile a quelque chose de grand...

J'ai brusquement senti un fléchissement dans l'attention des aïeules... comme si quelque chose d'essentiel était en train de les détourner de moi. Quelle force, quelle puissance était assez souveraine pour les arracher à ce dialogue de survie? Je vis venir la réponse et la réponse était un homme qui me souriait. Un homme qui était mon avenir et déjà mon passé et qui s'arrêtait, guidé par son sens du magique quotidien, au seuil du cercle où je n'étais pas seule. Et ce n'était plus avec mes yeux que je le regardais, mais avec les yeux de Jeanne et de Mathilde et ces yeux se remplirent de larmes car je sus que ces yeux étaient les yeux de l'amour.

Cette vie sans événements est pleine d'enseignements et de signes. Un puzzle dont on ignore tout, jusqu'au titre, avant d'avoir placé la dernière pièce. « Le thé au jardin »? – « L'écharpe oubliée »? – « Le vallon aux primevères »? – « Le panier aux pékinois »?

Pour dîner on s'habille, et je dois avouer que j'attendais les robes du soir avec un peu de malice.

Eh bien, je bats ma coulpe, mesdames les Anglaises ont gagné cette guerre en dentelles.

La force tranquille de la conviction tue le ridicule.

Dans cet hôtel où tout n'est qu'ordre, beauté, luxe, calme (la volupté étant réservée à un *happy few* compte tenu de l'âge des congressistes), personne ne cherche à montrer qu'il a de l'argent, des sous, du fric, des dollars, du pèze, des picaillons, de la fraîche, de l'oseille, du flouze, du blé, de l'artiche, des thunes ou du pognon mais des manières. La salle à manger est beaucoup plus intéressante que si les dîneurs étaient mis à l'extrême mode. C'est une civilisation qui est à table et non pas la dernière collection d'un couturier.

J'ai vu des gilets brodés qui doivent remonter à Disraeli, des étoles de dentelle qui ont dû être présentées à la reine Mary au temps de sa jeunesse. Notre voisine de table – pas Charles Laughton mais celle qui est un vivant portrait sans moustache d'Anthony Eden – porte une robe nouvelle tous les soirs. Je devrais dire « différente » et non pas « nouvelle » car c'est toute sa vie qui défile de dîner en dîner.

Nous sommes les seuls Français, nous sommes également les plus jeunes – c'est dire! –, aussi le personnel nous gâte comme si nous étions des enfants. Tiens, comme Adonis, le serveur grec et borgne du *Cairo-City*, nous gâtait à bord, le petit Jean-Pierre et moi. C'est très inquiétant. Les serveurs nous balancent la nourriture comme si la famine sévissait en France. Ils nous balancent quelques coups, aussi, mais c'est parce qu'ils nous aiment. Quand nous entrons dans la salle à manger, ils se battent pour nous accompagner à notre table. Alors, forcément, nous sommes pleins de bleus. Je boite un peu, ce soir, parce que j'ai bronché sur le maître d'hôtel qui me précédait et qui stoppa brusquement, haranguant un collègue, comme un gondolier qui en croise un autre sur le Grand Canal, pour lui dire de me garder des fraises. Ça l'a tellement contrarié, un quart d'heure plus tard, d'apprendre en plein mouton qu'on venait de finir les fraises à la table de Lady Bradbury que le pauvre homme n'a pas senti qu'il versait tout le contenu de la saucière *orange and chutney* sur mes genoux. Et sur la seule robe qui avait résisté au cambouis de la chambre des machines et aux excès de la Terreur Rose. Il était en train d'adjurer son commis qui descendait l'escalier avec le chariot de fromages de me garder du chester.

Good chester! promet le commis qui oublie les marches et s'envole, souriant, dans un fracas de verre brisé pour atterrir aux pieds du « grand personnage de la cour » qui se lève et le ramasse gracieusement tandis qu'un coup de serviette damassée me ferme l'œil pour trois services. Le maître d'hôtel, affolé, réclama de l'eau chaude et me brûla l'autre œil avec tant de gentillesse que Louis lui donna un billet. Ce qui me valut une assiette remplie d'une gelée à la menthe que seules peuvent manger les femmes qui ont été fessées par des nurses anglaises à l'âge le plus tendre.

Nous avons dégusté une infusion inidentifiable au salon et nous avons appris en lisant *Field* que le déclin de la petite perdrix rouge est l'une des tragédies de notre époque. Un instant, j'ai eu envie de demander le micro et de faire une annonce pour dire à ce groupe en pleine dérive historique – sait-il seulement que sa Reine a perdu les Indes? – que nous débarquions d'une planète socialiste. Et puis Gentleman Field est arrivé dans sa petite voiture et il a eu l'air si heureux de nous voir plongés dans son journal favori que j'ai cru qu'il allait nous adresser la parole.

Tout de même pas. Mais maintenant, quand nous nous croisons, il nous salue.

Au réveil il y a l'océan, brillant et sombre malgré le soleil, un dattier plein de dattes, les moineaux voyous et un jardin tropical tapissé laborieusement de gazon anglais.

Et, autour de la piscine, de joyeux baigneurs hors d'âge.

Mais où est Madère?

Nous avons voulu venir au Portugal et nous sommes tombés au cœur de l'Empire britannique d'autrefois.

Cette île ne serait-elle qu'une illusion posée sur une absence de réalité? Pourquoi les domestiques ont-ils l'air de travailleurs immigrés? Ils sont chez eux, ici. Ils doivent bien avoir des frères, des sœurs, des parents qui élèvent des poules, pêchent le poisson ou cultivent la terre volcanique de la montagne?

Je cherche les Portugais comme je cherchais les Grecs l'été dernier.

Il a fallu prendre une voiture, s'écarter du tourisme, *gifts, laces, wines, verdelho, boal, sercial, malmsey,* pour rencontrer notre premier champ de bananiers. Puis une école d'où sortaient de merveilleux petits garçons pleins de sourires et de saluts. Les adorables petits garçons portugais. Puis un homme, avec un chien joyeux, dans un champ étroit et périlleux. Et cette route que nous avons prise sans savoir qu'elle mènerait jusqu'au grand rocher avec son marché rustique et son sol couvert de broderies. Le rocher qui tombe de plus de cinq cents mètres dans l'Atlantique.

Deux jolies filles, deux sœurs jumelles, nous montrèrent leur travail. Elles parlaient français timidement. Elles avaient appris « comme ça », en brodant à l'ombre mouvante des pins, face au large. Que c'était beau, cet endroit! Des enfants étaient venus autour de nous, mendiant, non pas une pièce mais le sens d'un mot pour, eux aussi, apprendre « comme ça » et, riches de savoir, échapper à la misère. Et soudain, dans la beauté du paysage, un grand cri s'éleva. Un grand cri de douleur qui semblait monter de la mer. Un grand cri comme devaient en pousser les victimes des dieux aux commencements de la Terre. Tous les marchands de broderies hochèrent la tête, soupirèrent et les jeunes filles nous expliquèrent que c'était un pauvre homme qui était rentré de l'hôpital pour mourir, un pauvre homme pas très vieux mais si malade, qui vivait là, en bas, dans une petite maison, près de la mer, un pauvre homme qui avait tellement mal. Un des enfants dit quelque chose et les jeunes filles traduisirent :

– Il appelle la mort.

Quand nous sommes partis avec une nappe fleurie au petit point, le cri s'éleva encore comme pour nous demander de ne pas oublier la souffrance.

Nous avons roulé en silence jusqu'au fond d'une vallée où coulait un torrent charriant de gros cailloux. La montagne nous attirait et, tournant le dos à la mer, nous sommes allés vers elle.

Peupliers dénudés, c'est l'hiver... Qui a dit que c'était l'hiver? Il fait doux. Oui, mais c'est quand même l'hiver, même si ça ne se voit pas, et l'horloge des saisons bat la marche du temps au cœur des arbres. Mystérieuse comptabilité de la nature qui partage l'année en quatre comme il se doit, en secret s'il le faut.

Une cascade de brumes coiffait les sommets, une chaussée de brouillard blanc, barre ouatée et nette, se détachait sous le ciel pur. Plus nous nous élevions, plus elle semblait inacessible et, brusquement, elle s'évanouit pour nous offrir le paysage tout entier. Nous sommes descendus de la voiture et l'odeur de la montagne nous a pris. Ça sentait la Cévenne au printemps. Un homme dévalait la pente, freinant sur ses galoches, la nuque protégée d'un vieux sac, le dos chargé de ramure sèche; une femme, pieds nus, le suivait et je crus voir le vieux Germain et sa Jeannette des Bressous.

On se salua de murmures, bien sûr, mais on se salua comme doit se saluer le bon monde, même si on ne dispose pas des mots pour le faire. On se salua gravement, avec respect et courtoisie, observés par un immense oranger, sans feuilles et couvert d'oranges, qui avait vu toute la scène depuis le milieu de son pré.

« Eh oui, disait l'oranger, la Jeannette des Bressous, les paysans de ma montagne, le pauvre homme du rocher, le vieux-aux-belles-rides qui rangeait les tables dans l'auberge grecque, la femme qui cueillit les fleurs pour le tsar Pierre, il suffit d'aimer seulement l'une de ces créatures pour vouloir distribuer ses oranges. Réjouissez-vous, mes enfants, d'autres rencontres sont préparées pour vous ».

Hier soir, le directeur de l'hôtel a donné un « dîner français » en notre honneur. Nous étions très curieux de rencontrer des Français.

Il n'y en avait pas.

A part nous, bien sûr.

Mais tout le monde parlait français comme au XVIIIe siècle.

Le directeur et sa femme qui sont suisses et qui parlent seize langues. L'Honorevole da Pietra, ou di Pettra, qui est des Alpes bergamasques et dont la femme est viennoise. Elle n'avait encore jamais dîné avec un acteur, expliqua-t-elle, et elle ne cessait de répéter que c'était « délicieusement incrédible ».

On se serait cru à bord, à la table du commandant.

Mélancolie. Espoir...

Ah! il y avait aussi un couple de Belges très silencieux. Pas entendu le son de leur voix. Par contre, nous, on était lancés. Je crois que nous avons parlé de l'Europe, du bateau, bien sûr..., des Bressous, aussi, à cause des paysans rencontrés dans la montagne sous le regard de l'oranger. Et là, on a su que le directeur était né dans l'Appenzell, tout près de Speicher où je vais régulièrement faire des cures de simples et de simplicité au milieu des chalets rehaussés d'or et des merveilleuses vaches.

– Ah! les vaches d'outre-Sarine! a dit le directeur.

Et toute la table était émue devant ces liens fragiles qui faisaient de nous une seule famille dévalant les pentes des Alpes, des Cévennes, des Ardennes et de cette crête de dragon atlantide... Le sommelier profita de l'accalmie pour glisser l'âge du madère dans mon oreille, fabuleuse indiscrétion que je lui fis répéter avant d'y croire tandis que Funchal scintillait dans la nuit, résille d'étoiles clignotantes posée à flanc de montagne.

Ce matin, à cause de l'âge du madère, nous étions très tôt dans la piscine. Lords et pairesses habituels, coups de vent, larmes salées jaillissant de l'Atlantique. Un monsieur fait surface. Me salue. Je le salue. Il nage vers moi et me dit en français dans le texte :

– Si je vous demandais de travailler avec nous, vous accepteriez?

Je me suis dit : « Ou c'est un gangster, ou c'est un agent secret. »

Avec ce décor de palmiers et de fleurs luxuriantes, au milieu de ces gens qui parlaient des langues étrangères en buvant des jus de goyave et des alcools puissants, c'était une supposition assez grisante.

« Interdite à la télévision française, elle devient un caïd de la pègre internationale. »

– C'est en vous écoutant, hier soir, que l'idée m'en est venue..., a poursuivi le chef de bande, et j'ai reconnu le Belge silencieux du dîner français.

Silencieux et modeste.

Il m'offrait simplement de collaborer à un journal dont il était propriétaire. *Pourquoi pas*? le titre était déjà une réponse. Bien sûr, je connaissais le journal, j'étais trop souvent belge pour l'ignorer. Mais collaborer comment?

– En racontant ce que vous racontiez hier soir. En parlant de la vie. Les vieux de la montagne, les racines, les vaches, la mer, l'oranger...

J'avais dit tout ça?

Nous avions gagné le bord de la piscine, une main sur l'échelle, je me laissais flotter..., je commençais à être tentée...

– Mais si un jour on n'est pas d'accord?

– On sera toujours d'accord puisque je ne vous demande que votre vérité.

J'ai dit à Marc Naegels – c'est son nom – que j'allais réfléchir mais je crois bien que ce n'est pas par hasard que nous sommes venus au Reid's.

Ma vérité...

La veille de notre départ, je me perdis dans Funchal et m'arrêtai, perplexe, à un carrefour, pour regarder le plan de la ville. Un homme en haillons s'approcha de moi. Il était sale, pas rasé, en loques, effrayant.

– *English?* demanda-t-il.

Quand il sut que j'étais française, son visage s'éclaira comme s'il venait de recevoir une bonne nouvelle.

– La France! dit-il, magnifique soudain, et j'aurais voulu être Jeanne d'Arc, Schœlcher et Pasteur pour mériter cette intonation.

« La France! » répéta-t-il, et il m'escorta, joyeux, jusqu'au magasin que je cherchais. Il avait l'air si pauvre que je préparais un billet et, en même temps, je craignais de le blesser. Il le sentit peut-être et voulut m'épargner en prenant lui-même l'initiative de la séparation. A peine étions-nous arrivés qu'il me dit : *« A Dios! »* avec un geste superbe, la main levée comme certaines statues de saints qui montrent le ciel, et s'en alla sans se retourner, m'ayant confiée au meilleur des guides.

Il avait raison, l'oranger.

Nous avons quitté Madère avant que je n'aie terminé ma lettre.

Mais Jeanne et Mathilde savent tout de moi, parfois je les sens lire ma vie par-dessus mon épaule. Elles savent que nous sommes prêts pour la prochaine figure de la danse rituelle, passacaille, menuet, chaconne ou tarentelle, pavane, courante ou gaillarde.

A Dios !

LE VOYAGE D'HIVER, suite

Bruni, Lisi, Reïni, Susi, Ida, Frieda, Regula...

Jamais je n'aurais cru les revoir si vite, le soir où nous les évoquions au Reid's en dînant devant Funchal et sa résille de lumières.

En cette saison de l'année, elles sont à l'abri dans leurs chalets de bois, aimables et douces, fontaines de bon lait suisse, les vaches de l'Appenzell. Elles sont restées semblables à ce qu'elles étaient, mes gracieuses, quand leurs bergers signèrent la paix perpétuelle avec la France. Elles ont leurs portraits dans les maisons, on les y voit monter depuis des siècles vers l'alpage, avec leurs belles clarines et leurs colliers bijoux, la patte pliée comme jamais vache ne put le faire, elles font partie du paysage comme les sapins, les sommets, les glaciers, la gentiane et l'edelweiss.

Bruni, Lisi, Reïni, Susi, Ida, Frieda, Regula, je suis venue me réfugier dans votre quiétude et votre chaleur.

J'ai fui Paris.

Parce que en y arrivant, l'autre jour, nous avons appris que ce rendez-vous du 23 février à TF1 n'aurait pas lieu.

Pourquoi?

Parce que le responsable du service dont nous dépendons a commencé un tour du monde afin d'obtenir des signatures prestigieuses. Fellini, Bergman, Misogushi... Début de la croisade contre l'impérialisme culturel français, sans doute.

Au sixième coup de téléphone, nous avons pu joindre un secrétariat débordé et exaspéré qui nous a dit :

– Un autre rendez-vous? Vous verrez bien!

Alors j'ai fui Paris.

Je dépose la plume comme on dépose les armes.

Merci la Suisse, pays neutre, terre d'asile, de m'accueillir. Je viens oublier.

Speicher n'est point Gstaad. Ce village candide ignore les palaces pour locomotives de la Jet. J'y descends dans un hôtel modeste, un *Kurhaus* style pension de famille devant lequel s'arrête le tram venant de Saint-Gall, tram qui ressemble, paraît-il, au petit train du thé de Darjeeling. Et, dès que je pose le pied sur la terre ou la neige de Speicher, dans ce pays dont je ne parle pas la langue, je me sens chez moi. Les patrons de l'hôtel m'embrassent, le docteur attaché au *Kurhaus* m'embrasse, Sister Berty m'embrasse. C'est que je viens ici depuis des années. J'ai vu grandir les enfants, le petit Mathias a fini son service, *schön!* il est maintenant barman dans le *Karnotzet,* Anna-Lisa est fiancée. *Ja, Ja!* Anna-Lisa qui dormait hier encore avec un Struwwel Peter en chiffon, chère madame!

Quant au chat... Oh! le chat! Il m'a vue arriver, il n'a rien dit mais le voilà qui vient et qui s'installe dans ma chambre, sur ma couette blanche, et qui ronronne en *schwiztzerdutch* qu'il est content de me retrouver. Je défais ma valise et il choisit un chandail – de cachemire, pas fou! – pour y faire son nid, difficile de le lui refuser le jour de mon arrivée et par un si beau soleil.

D'autant plus qu'il sait, comme tous ses semblables, qui fut ma nourrice et que je suis l'amie du genre félin. Hélas, quand il me demande des nouvelles de mes vieux Tybert et Yéyé, je suis bien obligée de lui dire la vérité. Il avait passé ses dix-huit ans, Tybert, quand la lumière de ses beaux yeux s'est éteinte. Un grand chat, Tybert, comme on est un grand homme. Nous l'avons enterré dans le jardin, panthéon virgilien de nos petits compagnons de route, et, trois jours plus tard, Yéyé, son frère, seize ans, est allé le rejoindre parce que la vie sans lui ne l'intéressait plus. Maintenant, le chat qui dirige « Coin-Perdu », c'est Chantier. Un drôle de nom pour un chat? Elle – car c'est une chatte, mais nous ne l'avons pas su tout de suite –, elle est arrivée, minuscule et affamée, le jour de l'ouverture d'un chantier, alors...

Un terrible crissement de freins me précipite vers la fenêtre que j'ouvre pour voir la Range Rover de la police qui vient de piler au carrefour de Trögen et Teüfen.

Un chat.

Un chat qui ressemble tellement à celui du *Kurhaus* que je me retourne, affolée. Mais non, il est toujours sur mon lit, il a déjà fait une belle pelote avec mon cachemire.

C'est donc un autre chat qui vient de se placer exactement au nombril du carrefour. Marche arrière savante, crochet à droite, la Range Rover est repartie. Le chat est géométriquement au cœur du village. Trois voitures, venant de trois directions différentes, stoppent dans un bruit d'apocalypse. Le chat ne bouge pas. Moi non plus. Pétrifiée, je ferme les yeux, regrettant de ne pouvoir aussi fermer les oreilles pour échapper au miaulement d'agonie. Mais non, je n'entends que le bruit banal de trois voitures qui repartent en douceur. Au carrefour, le chat s'est assis et se met à lécher son pied droit avec minutie. Puis, calmement, il change d'avis et décide de s'en aller sur la route de Teüfen. Mais il voit un chien. Énorme. Un saint-bernard. Un mètre cinquante-deux à l'encolure. Le chat se hérisse, se gonfle, crache. Le saint-bernard, épouvanté, est pris de tremblements. Une voiture arrive du centre de Speicher, tourne vers Teüfen, pile. Le chat – qui en a d'autres à fouetter – ne bouge pas et crache de plus belle. Le saint-bernard pisse d'épouvante. Le conducteur descend de sa voiture et parle doucement au chat qui lui répond à peu près : « Viens pas m'emmerder ! »

Heureusement, le père du chat, garagiste de son état et installé au carrefour, aperçoit la bestiole et, sans se presser, vient la chercher, la ramasse et la cajole. L'automobiliste est ravi et tout le monde se sépare avec le sourire, sauf le chien qui se sauve en courant.

J'ai refermé la fenêtre.

– Tu vois, ai-je dit aux oreilles, aux yeux et aux moustaches qui sortaient d'un magma de cachemire, tu vois, Katzelli, dans mon pays il y aurait eu des victimes. D'abord le chat, bien sûr. Ensuite les automobilistes qui se seraient rentrés dedans. Puis le dernier conducteur et le père du chat se seraient empoignés, la police aurait dû intervenir, les médias se seraient emparés de l'événement, la nuit suivante il y aurait eu trente-deux explosions à Bastia, la C.G.T. aurait accusé l'extrême droite d'être à l'origine de l'incident, un groupuscule luttant pour la libération d'un pays centre-africain aurait revendiqué l'attentat et pris quatre séminaristes en otages tandis que les ligues féministes, apprenant que la victime était une chatte, auraient commencé une grève de la faim illimitée pour dénoncer aux yeux de tout le monde l'horreur de ce crime sexiste. Alors nos députés auraient, pour une fois d'accord, voté un impôt exceptionnel sur les chats.

« Eh bien, ma pauvre, m'a dit ce qui émergeait du cachemire, vous êtes drôlement mal embarqués! »

J'oublie.

Hier il faisait soleil mais aujourd'hui le brouillard annule le paysage. J'ai marché longtemps, le long de la route pour avoir un repère, et je suis sortie de la mer de nuages comme un sous-marin qui fait surface. La mer de nuages... Chaque cime est devenue rivage, le monde des hommes est devenu monde des profondeurs et s'agite au creux d'abîmes invisibles. Je me suis assise sur un de ces bancs de bois que la Suisse met obligeamment à la disposition de ses touristes et, face au soleil, les yeux fermés, je me suis appuyée au dossier dont je sentais la chaleur à travers mes vêtements. J'entendais rire des enfants et ces rires étaient si communicatifs que je me mis à rire aussi, bien que je ne pusse comprendre la raison de leur joie. Brusquement le froid me fit ouvrir les yeux, la mer de nuages venait de nous engloutir à la vitesse d'un cheval au galop et je ne savais plus où j'étais. Le soleil était un fantôme rouge à travers le brouillard blanc. Et, émergeant de ce brouillard et s'y fondant, je voyais une farandole de lutins, difformes et joyeux, avec des rires d'enfants et de grosses têtes peintes. Les masques! Un coup de vent découvrit le soleil et mon conte de Grimm prit fin. Partis, Hans-mon-Hérisson et la Fiancée-du-Petit-

Lapin! Il n'y avait plus que des écoliers s'amusant avec les débris du dernier carnaval et Speicher renaissait à la lumière. Speicher, peint comme un décor de ballet où viendront danser les elfes et les *willies* devant les façades rehaussées d'or et de fleurs géométriques, les façades qui annoncent déjà le Tyrol et la Styrie. Les façades où s'appuient, comme sur une isba, les balais et les pelles de bouleau. Les façades derrière lesquelles, bien au chaud dans leurs étables exemplaires, dorment mes vaches en rêvant aux herbes du printemps et à la paix perpétuelle.

Climat continental. Attention au foehn, le vilain vent qui serre les tempes comme une couronne de fer. Le docteur a dit que, peut-être, le temps allait changer. Tant mieux! Nous nous réveillerons avec de la neige et des cris de joie. De toute façon, qu'il neige, vente, fasse beau, froid ou chaud, je suis d'accord. J'obéis. Je me couche à 8 heures. Je bois docilement le jus de radis noir, l'huile d'oignon vierge, l'extrait de tulipe de Haarlem, l'*Hagebutten,* la camomille, qui font partie de la *Kur* de naturis-praxis. Je me laisse clouter d'épingles d'or et d'aiguilles parfumées par le docteur. J'obéis, je suis là pour ça. J'étale le beurre de mes vaches sur les petits pains joufflus du matin, je deviens aussi paisible qu'elles et je sais que, même si je ne suis pas arrivée malade, je pars toujours guérie.

Je rends toujours visite au cimetière comme à une maison amie où l'on a ses habitudes. C'est là que j'ai pris les noms des héros d'un de mes romans. Les Schlapffer. Les Mahler. En hiver leurs tombes ont de gros édredons blancs, neige gonflée, aérienne, brodée de festons de gel bleuté. Là aussi je me sens chez moi. Dans l'église luthérienne une main invisible célèbre Bach sur les orgues.

Un jour je me suis assise sur les marches de ce temple et je me sentais baignée d'innocence.

Gruezzi! disaient les jeunes en passant près de moi. *Gruss Gott!* disaient les vieux. Et je répondais *Gruezzi!* et *Gruss Gott!* comme si j'avais vu le jour dans ce canton.

Tiens, il neige, le docteur avait raison... et, ce soir, le vestiaire de l'hôtel est plein de pèlerines, de manteaux, de grosses chaussures mouillées. Une fois par semaine, la *Dorfmusik* se réunit ici pour chanter sous la bannière de l'Ours qui est à la fois l'emblème et le protecteur du village. Les musiciens affluent de tous les coins de la montagne. Les hommes portent une boucle d'oreille, une seule, goutte d'or qui brille au bord de leur bonnet de laine noire. De mon lit, sous ma couette, avec le chat, tout en buvant des philtres austères, j'écoute chanter les paysans. Et je raconte ma vie au Katzelli et, quel que soit mon récit, il ronronne.

Sagesse.

Ce soir, est-ce à cause de la neige, du foehn, de la musique? est-ce parce que je me sens loin des miens? je lui ai tout dit.

Mais alors tout.

Le silence de la passerelle, la petite phrase entendue dans un avion, le travail interrompu...

Le chagrin, quoi.

Et je lui ai dit que je ne voulais plus écrire cette histoire. Que c'était pour ne plus y penser que j'étais venue ici. Pour guérir. Parce que ici on guérit de tout. Et puis...

Et puis? a demandé le silence.

Et puis, maintenant, je me pose la question : une tasse de *rosa canina* et une promenade sous les mélèzes, est-ce suffisant pour guérir un écrivain en détresse?

Le chat m'a regardée et, dans ses prunelles absinthe, j'ai lu la réponse.

Comment n'y avais-je pas pensé?

ΨΥΧΗΣ ΙΑΤΡΕΙΟΝ

« Apothicairerie de l'Ame. »

C'est à Saint-Gall, en pleine ville. Il faut dépasser la cathédrale, immense, propre, décorée comme une pâtisserie viennoise, il faut traverser des cours pavées, des colonnades, des esplanades sans poussière et là, enfin, on trouve la Stiftsbibliothek.

A l'entrée, avant de passer sous l'inscription grecque de la porte, on enfile sur ses chaussures de grands chaussons de feutre gris. Le génie domestique de la Confédération est arrivé à faire astiquer ses musées par les visiteurs! Les visiteurs qui glissent silencieusement sur le parquet de marqueterie miel et abricot incrusté de fleurs amarante. Et le silence de ce pas des patineurs de l'encaustique entraîne le silence général. La piété et le recueillement seraient-ils affaire de chaussons? Non, le chausson est ici bon conducteur de la piété, certes, mais comment y échapper en ce licu? Au-delà de l'odeur de cire, de vieux cuirs, de parchemins et de nobles papiers, ce que l'on respire, ici, en glissant sur les brillantes rosaces, c'est le parfum de notre civilisation.

Et même en delà et en deçà car, si vous glissez jusqu'au fond de la bibliothèque, vous trouverez là, insolite et essentielle, une petite momie dans son cercueil de cristal. Et le silence s'adresse aussi à l'Égyptienne qui dort dans des bandelettes plus vieilles que le christianisme. Il suffit de se pencher sur ce visage très fin, très jeune et qui a gardé sa beauté et sa féminité au-delà de la mort et du temps pour comprendre que cette étrangère est à son exacte place dans ce sanctuaire pourtant si lointain, si différent des sanctuaires de son point de départ dans un pays où les chats furent dieux. Elle est venue là, portée depuis la Vallée des Rois par une marée invisible, pour nous dire qui nous étions.

Et que les civilisations étaient mortelles.

Comme tu avais raison, chat, divinité domestique, compagnon indompté, orgueil de la maison, mystère vivant, de m'envoyer ici! Je lève les yeux sur les murs de livres qui m'entourent et je mesure la somme de sagesse et de folie que cela représente. Que de douleur et d'espérance dans ces volumes! Des existences entières sont rangées sur les rayons, des générations se succèdent comme des armées! Au matin de Stockholm, du haut de la passerelle, je sentais battre le cœur du navire, ici, il me semble entendre le vieux cœur fatigué de la chère Europe... Et mon propre cœur bat, comme battait celui de Gall, ce moine irlandais qui, poussé par l'Impénétrable Volonté, quitta son île verte et s'en vint construire sa cellule dans cette haute vallée en l'an 612. Comme battaient le cœur de Wolfcoz et celui d'Ekkehardt, et, plus tard encore, celui de Notker le Lippu, maître de la langue écrite en ancien haut allemand. Ont-ils eu la vie facile au milieu des neiges et des rochers, menacés par les ours, les loups et les hommes?

Cela les a-t-il empêchés d'aller au bout de leurs œuvres? Cela les a-t-il empêchés d'accomplir leur existence? Et moi, à la première effusion de sang, je dépose les armes? Pour continuer le combat, de quoi ai-je besoin? De papier et d'une plume.

« Apothicairerie de l'Ame », la bien nommée, lieu de paix, tu m'as guérie.

LE VOYAGE D'HIVER, fin

Je suis rentrée au *Kurhaus* avec mes armes. La plume et le papier des retrouvailles, bonne plume, bon papier de belle qualité suisse.

Sur le lit, à côté du chat, une lettre m'attendait.

« Ma chère petite,

« Comme le temps passe – disait-elle –, j'ai maintenant quatre-vingt-treize ans, le vieillissement a tout détruit en moi sauf les yeux (je lis sans lunettes et sans fatigue). Mais mon cerveau est resté alerte, capable de s'intéresser à ce qui se passe dans le vaste monde où s'élabore une civilisation nouvelle, toute à la science, où émergent difficilement les valeurs spirituelles auxquelles toute ma vie j'ai été attachée. »

Qui m'écrivait cette lettre?

Je m'en fus tout de suite à la signature :

Mademoiselle Soulié!

« Madame la Directrice! » Brusquement je retrouvais mes douze ans..., je revoyais la silhouette menue dans la cour du lycée de jeunes filles de Montauban. Dieu, qu'elle était sévère! Elle nous menait tambour battant, ce qui me faisait penser que, si elle avait commandé nos armées, nous n'aurions pas perdu la guerre. Toute petite et fragile, un matin d'hiver, nous la vîmes tenir tête, au moment du salut aux couleurs, à un envoyé de Vichy qui s'étonnait de ne pas nous entendre chanter *Maréchal nous voilà.*

– Mais elles chantent *La Marseillaise*! s'était-il indigné.

– Pourquoi, vous n'aimez pas?

J'avais failli applaudir. Pourtant elle ne me passait rien. Elle m'avait d'ailleurs prévenue, un jour où j'étais première en français, latin, histoire et géographie :

– Mademoiselle Chamson, soyez assurée que vos succès en certaines matières vous recommandent exceptionnellement à notre vigilance.

Pour être tout à fait honnête, je dois avouer que j'étais également dernière en mathématiques. Mais de façon plus spectaculaire. Une dernière hors concours. Un cas. Un désastre. Une nullité totale et absolue. Et c'est cette tare qui me valut de faire la connaissance de monsieur Oppenheimer et, par voie de conséquence, de découvrir l'oppression, le racisme, les persécutions.

Bien sûr, quand mademoiselle Soulié me confia à lui, elle ne me dit point : « Monsieur Oppenheimer est allemand, juif et clandestin, c'est pour cela que les leçons auront lieu dans mon bureau et vous ne devez en parler à personne. » Nous vivions une époque où l'on en disait le moins possible et où les enfants ne posaient pas de questions. Ce premier rendez-vous n'avait d'ailleurs aucun point commun avec la rencontre de Blanche-Neige et du Prince Charmant. Monsieur Oppenheimer me sembla très vieux – au moins trente-cinq ans! – et de plus il était affreusement vilain, il barlait gomme za et berdait zes chefeux.

Mais ça me fut bien vite égal. Il était si miraculeusement intelligent que j'étais aussi heureuse en réduisant pour lui deux fractions au même dénominateur que je l'avais été en exécutant mes pliés et mes relevés sous la baguette de Darling.

Je retrouvais le rythme.

Jusqu'au jour où monsieur Oppenheimer ne fut pas au rendez-vous. Jusqu'au jour où je découvris les horreurs de la guerre. Jusqu'au jour où mademoiselle Soulié, m'apprenant qu'il venait d'être arrêté, éclata en sanglots devant moi.

Après ces larmes de grande personne, mon professeur se perdit dans la nuit et le brouillard. Comme le monsieur de Vienne et la cantatrice aux souliers rouges qui furent enlevés au petit matin, un jour de printemps, par la police française, dans l'appartement voisin du nôtre, en ce petit matin où Josée sacrifia pour moi notre dernier morceau de sucre.

Je ne les ai jamais oubliés. Peut-être est-ce pour parler d'eux, pour que la voix d'un enfant leur parvienne au-delà de la mort que j'ai décidé, un jour, de raconter ce que j'avais vécu? Et voilà que quarante années plus tard, du fond de la mémoire, revenait mademoiselle Soulié! C'était toujours la même petite écriture nette qui annotait jadis les carnets :

« Depuis longtemps je voulais vous dire ce qu'est devenu votre répétiteur de mathématiques. Nous avons réussi à le soustraire à l'envoi à Dachau. »

Je m'assis.

Mademoiselle Soulié ne me racontait pas comment il avait été sauvé, comment il était parti aux États-Unis, elle me disait simplement qu'un jour de 1945 elle avait vu entrer dans son bureau un officier américain qui venait dire merci à « ceux qui l'avaient aidé ». Elle me disait que, pendant des années, il lui avait écrit. Et puis elle avait « laissé tomber la correspondance ». Ce qui était essentiel, « n'est-ce pas, ma chère petite », c'est qu'il ait été arraché aux bourreaux et rendu à son destin.

A l'heure où je lisais cette lettre, monsieur Oppenheimer était peut-être mort et cependant je me répétais : « Il est vivant! » en pensant non pas au vieux monsieur que je ne connaîtrais jamais, mais au jeune professeur traqué qui venait me donner des leçons en rasant les murs. « Il est vivant! » me répétais-je, et je me souvins de ce que m'avait dit Louis à la fin de la lecture de *La Chambre de Goethe* qui n'était encore qu'un manuscrit :

– La chose la plus belle qui pourrait t'arriver, ce serait d'apprendre que monsieur Oppenheimer a échappé au génocide.

Et voilà que cette chose arrivait.

Je devinais tout ce que la pudeur et la discrétion de mademoiselle Soulié devaient cacher de formidable.

Hélas, quelques semaines après avoir reçu cette lettre, un faire-part me fit croire que le dossier était refermé à jamais.

Elle était partie sans me livrer son secret.

C'était une grave erreur que de ne pas faire confiance à mademoiselle Soulié, de la croire capable de ne pas mettre ses affaires en ordre, de ne pas témoigner jusqu'au bout. Une lettre arriva, une lettre de sa nièce. Elle avait tout appris de la bouche même de sa tante, la nuit qui précéda sa mort. Jamais il n'avait été question de monsieur Oppenheimer entre elles, mais cette nuit-là l'heure était venue de parler. Et ce que je lisais c'était l'histoire même de la Résistance. Le courage et le silence. Grâce à des complicités amicales, monsieur Oppenheimer avait été dirigé sur un camp proche des Pyrénées. Les mêmes complicités l'avaient fait évader, passer en Espagne, puis en Afrique du Nord. Là, il avait été repris. De nouveau un camp, en plein désert. Épuisé, il allait mourir. Mais mademoiselle Soulié avait pu contacter des collègues du lycée de Rabat, et, grâce à l'existence d'une sœur mariée en Amérique, monsieur Oppenheimer avait été expédié par bateau et sauvé.

Les collègues du lycée de Rabat étaient des amis du fiancé de mademoiselle Soulié, tué pendant la guerre de 14-18, et la raison pour laquelle elle n'avait jamais évoqué ces souvenirs avec sa nièce, c'est que cette dernière avait perdu son mari pendant l'Occupation. Médecin dans une clinique du Sud-Ouest, il avait sauvé résistants et juifs jusqu'au jour où, dénoncé par son médecin-chef, il prit la fuite, se cacha dans la neige et, peu de temps après, atteint de tuberculose et privé de soins : « il mourut sans gloire », me dit sa femme.

Sans gloire?

Non, madame, notre histoire est faite de ces héros mystérieux et sans visage, de cette armée des ombres qui se lève sans bruit alors que tout semble perdu.

Sans gloire?

Si vous saviez comme je suis fière de lui!

Il fait partie de la dernière leçon que me donna mademoiselle votre tante, « petite et sévère » ainsi qu'elle se décrivait elle-même en signant sa dernière lettre. Sa mort, jumelle de la résurrection de monsieur Oppenheimer, est, elle aussi, un des maillons de la chaîne qui nous rattache au passé.

Ce soir-là, je n'eus pas le récit détaillé de cet héroïsme simple, je n'eus que la nouvelle de la survie de mon professeur. Je pris ma bonne plume neuve, mon bon papier de belle qualité suisse et j'écrivis :

« IL EST VIVANT! » en très gros caractères pour que le chat puisse lire.

Et je ne fus pas étonnée, quand le téléphone sonna un peu plus tard, d'entendre Louis me dire que nous avions rendez-vous à TF1 le 2 mars. Je venais d'assister à un bien plus grand miracle.

INTERLUDE

Nous l'avons vu.

Que dire?

Nous n'avons pas été mal reçus, non. Il semble même avoir confiance en nous car il nous a exposé tous ses problèmes et particulièrement ceux que nous lui posons.

Ça le contrarie de nous dire non.

Il n'a rien contre nous. Mais il faut que nous nous mettions à sa place : s'il y a eu le Changement, c'est pour qu'il y ait un changement. Il n'a pas été nommé pour continuer ce qu'il appelle la « production Désiré », mais pour faire autre chose.

La « production Désiré »

Ce propos de Prince Évêque changeant de maître de chapelle et jetant les partitions nous fait sentir que nous sommes bien présomptueux en pensant que nous signons nos œuvres.

Et puis il n'y a plus d'argent.

Déjà?

On n'a pas parlé du tout du sujet.

A quoi bon?

Cependant, comme nous nous apprêtions à prendre congé, il nous a fait une confidence. Voilà : la plupart des projets de l'ancien régime sont définitivement refusés. Le nôtre est gelé. Ça veut dire qu'il a l'intention de le relire. Sans doute eu égard à notre bonne conduite et tenant compte de ce que nous avons toujours fourni à la maison une qualité suivie. Bref, il ne veut pas nous bercer d'espoirs insensés mais peut-être aurons-nous une bonne surprise.

Aussi sommes-nous sortis de son bureau bien sagement en disant : « Au revoir, monsieur, merci beaucoup! »

Ce serait chic, hein Loulou, si qu'on serait admis en sixième!

La lettre de TF1 est arrivée le 2 avril.
C'était non.
Stop engine. Zéro la barre.

LA BARRE À ZÉRO

C'était donc fini.

Un an de notre vie à porter ce sujet, à le nourrir, à le poursuivre aux quatre coins de l'Europe, à l'écrire, à l'aimer. A le faire aimer.

Quand je pensais à tous ces gens que nous avions impliqués dans notre affaire, j'avais le vertige! Ces marins, ces vignerons, ces techniciens, et jusqu'à ce général et ce colonel de l'armée de l'air avec qui nous avions étudié la participation de l'aviation militaire dans une scène de sauvetage! Nous les avions mobilisés, gagnés, conquis, contaminés et surtout fait rêver. Au chagrin s'ajoutait la honte.

Il fallait maintenant leur annoncer que c'était fini. Dire adieu à tous ceux qui, de la chambre des machines à la passerelle, le long des coursives et à travers les ponts du navire, étaient devenus les compagnons de notre vie. Le bosco, Samba, Ange, le mousse... Il nous semblait que nous avions abusé de la confiance du commandant Blanc. Je le revoyais, plein d'espoir, aussi épris que nous de cette histoire. Nous avions un contrat, un calendrier, un beau chemin devant nous...

Et maintenant... le vide.

Que faire?

Repeindre la cuisine.

On a beaucoup bricolé dans la profession à la faveur du Changement. Tout en jouant de la chignole ou du pinceau on se demandait où étaient passés les crédits promis à la création.

– Il y a là un mystère, avait dit notre ministre de tutelle interrogé par la Société des auteurs.

Depuis que la barre est à zéro, moi, je ne quitte pratiquement plus la maison. Je couds, je mesure, je taille, j'ajuste, je cloue, je décape, j'enduis, je frotte, j'astique...

Chantier ronronne. Elle est très heureuse du Changement. Elle ne sait pas qu'un jour il me sera peut-être difficile d'acheter des clous. Parce que ces activités qui vous laissent libre, ces activités que vous pouvez abandonner d'un instant à l'autre, ces menus travaux domestiques, ces crises de décorationite aiguë, ce sont tout simplement les dividendes du chômage.

Cette disponibilité nous permettait aussi de répondre au courrier en retard. Aux téléspectateurs, justement. Qui nous faisaient des reproches : « Vite, un autre feuilleton, grands paresseux! » ou bien : « Vous ne voulez plus travailler à la télévision? Pourquoi? » ce qui ne manquait pas de piquant dans la conjoncture.

Expliquer nos misères au public?

Non.

Dire où était passé l'argent de la création?

Tout le monde le savait.

Il était passé dans le « fonctionnement ».

Écrire autre chose?

Bien sûr. Mais il faut que le temps ferme les blessures.

« Oubliez *Le Commandant Lagarde* », disait la lettre

de TF1 dont le style rappelait celui des rapports de lecture de *La Demoiselle d'Avignon*.

Oublier *Le Commandant Lagarde*? Mais comment? Je continuais à y penser, à écrire des épisodes dans ma tête, puis je me disais : non, c'est fini.

Je regardais la télé et c'était comme si je recevais des nouvelles d'un pays perdu. Exil.

Dallas avait porté un sérieux coup à l'impérialisme culturel français. N'était-ce pas ce qu'avait souhaité notre exécuteur? Qui, lui-même, avait été exécuté. Ainsi va la vie mais la mort du bourreau ne ressuscite pas les victimes.

Chaque fois que je voyais mon père, il me demandait timidement :

– Rien de nouveau pour la télé?

Sa peine nous faisait trouver la nôtre dérisoire. Et pourtant...

Je regardais la télé qui était devenue un immense programme de Pub parce que nous vivions la Campagne pour les Élections Municipales. Pub ou Campagne, c'était le bonheur au bout du chemin. C'était Pampers.

« Sans le savoir elle essaie le nouveau député...

– Oh! chéri, mais il est merveilleux! Qui est-ce?

– C'est le même, mais avec des fronces...

– Oh! mais jusqu'où iront-ils chez Pampers? »

On se le demande.

« Votez pour moi et vous serez plus beaux! Votre bec-de-lièvre disparaîtra comme par enchantement! Votre chien ne vous mordra plus! L'inégalité, fini! Tous couru, tous premiers! Tous étoiles du Bolchoï! Tous maillot jaune! Toutes Miss France! »

C'est pas beau de mentir.

On finit par dire des bêtises.

Que Krasucki est plus joli garçon qu'Alain Delon. Que Jobert a une tête de plus que Giscard. Que les radis poussent mieux que quand la droite était au pouvoir...

Encore un effort et on va se retrouver avec des médicaments politiques, du sirop radical et des suppositoires centre gauche. Il y aura deux météos, opposition et majorité, et quand Mauroy annoncera l'embellie on se méfiera, on interrogera Chirac et on achètera, suivant sa conscience, de l'essence blanche ou rouge et, avec des allumettes syndicales ou des cierges intégristes, on pourra mettre le feu à la baraque.

Et toi, Riquette, te voilà retournée à la case départ, te voilà retombée dans la cour de récréation du lycée de Versailles : « Ton papa, il est de droite ou de gauche? »

Mais alors la guerre, l'Occupation, la défaite d'Hitler, la Libération, la perte des colonies et de l'orthographe, l'avènement de l'épluche-concombre électrique, la rencontre avec l'homme de ma vie, la naissance de nos trois enfants, ça n'a pas existé? On est toujours dans la cour de récréation?

« T'es catholique ou protestante? »

Mais alors, la Révocation de l'édit de Nantes est toujours en vigueur? Les Français, s'ils ont oublié que Louis XIV a fait ramer le petit peuple des Cévennes sur ses galères, devraient au moins se souvenir que c'est le même Louis XIV qui a fait s'enrôler l'élite intellectuelle des religionnaires dans la Kriegsmarine et que ce bon plaisir a fait mal à la France pendant des générations. Il y a toujours Révocation quand on exige un alignement de pensée, quand on exclut ceux qui refusent de dire : « je me réunis » à ceux qui détiennent le pouvoir.

« T'es protestante? Alors on jouera pas avec toi! »

Et voilà qu'une fois de plus on ne veut pas jouer avec moi parce que je n'arbore pas la bonne étiquette.

Quelle étiquette d'abord?

La droite? La gauche?

Mais moi?

J'ai envie d'être moi, de penser comme moi.

Au lieu de m'étouffer avec un cache-nez dont je n'ai choisi ni la laine ni la couleur, laissez-moi respirer avec mon nez.

Dans ce pays où depuis longtemps la notoriété est devenue un délit, le mérite un privilège, le travail une habitude honteuse et le succès un crime, je veux avoir le droit de dire ce que je pense quand je ne suis pas d'accord.

Et même quand je suis d'accord.

Vous savez que c'est difficile de garder confiance dans la cour de récréation. Bien sûr, il suffit de se souvenir de tout ce qu'on a vécu de rugueux dans les anciennes campagnes pour la retrouver, la confiance. Et, en même temps, parce que les années s'ajoutent aux années, on se demande si on puisera toujours aussi facilement ses forces dans le creuset des difficultés.

Vient un jour où ce n'est plus possible.

Je le découvre en regardant mon père.

Il l'a perdue, la confiance.

Dans les yeux du vieil homme brillent encore des éclairs mais ce ne sont plus ceux de l'espoir. Fini le temps du bal de la Bastille et de l'enthousiasme retrouvé, le temps où il me disait : « Tu vois! » Le temps où il me disait : « Quand je verrai le président de la République... »

Deux ans lui ont prouvé qu'il n'existe pas pour la gauche au pouvoir.

Pourquoi?

– Que reste-t-il de l'époque de *Vendredi*? me demanda-t-il un jour. Qui se soucie encore de nous? Bientôt nous ne pourrons plus témoigner de rien, il sera trop tard... Chaque jour, j'essaie de comprendre ce qui s'est passé. J'ai voté Front populaire en 81 et j'ai eu droit à mai 68. Pas seulement... : j'ai eu droit à l'oubli.

Il se tut. Je levai les yeux sur ma mère et je compris quel chagrin ils vivaient tous les deux.

– « J'admire l'humanisme sacré qui anime votre vie... », ai-je dit.

Il s'est éclairé tout à coup et il a ressemblé à ce jeune Incorruptible qui faisait trembler sa petite fille en partant dans la nuit pour des combats, pour des luttes, pour des guerres.

– Tu te souviens de cette phrase de Romain Rolland?

Moi, oui.

Ils se sont regardés tous les deux en souriant, comme quand ils s'asseyaient sur la moquette pour chanter *Madrid que bien resistes* avec les camarades.

Puis il s'est mis brusquement en colère :

– Je suis furieux! J'ai soutenu un gouvernement qui vous a refusé le droit de travailler! On vous a épurés comme si vous aviez collaboré avec l'ennemi!

Pas avec l'ennemi, papa, avec le public, ce doit être un crime beaucoup plus grave aux yeux de ceux qui le méprisent. Mais comme tout ça est loin... Je ne dirai pas que nous ne pensons plus à notre aventure sur la mer, la douleur est restée. Je crois même qu'elle s'est incrustée en nous. Le cri des sirènes nous fera toujours mal. Mais nous devons regarder devant nous si nous voulons survivre.

Un des éléments de ma survie, c'est cet article qui part tous les mois pour Bruxelles.

Depuis juin 1982 j'écris régulièrement dans *Pourquoi pas?*

Marc Naegels m'avait demandé ma vérité.

Il ne m'a pas trompée. Je suis libre. Je puis être moi.

Et puis, un jour, est arrivée la première lettre et elle m'a appris que j'existais toujours parce que seuls nos lecteurs peuvent nous le dire et, à cette joie, s'en est ajoutée une autre : Jacques Schepmans, rédacteur en chef du journal, m'a demandé de parler de mon père.

– Je voudrais que vous nous racontiez l'aventure de *Vendredi*. Des trois directeurs fondateurs il ne reste plus que lui... Ce que je veux, c'est votre vision, à vous, votre regard sur ce qui est encore si proche et déjà de l'histoire : son engagement pendant l'époque du Front populaire, et même avant, et aussi son implication dans la guerre d'Espagne, sa lutte contre le fascisme... Pas seulement ses combats : sa guerre puisqu'il l'a faite. Enfin, tout ce que nous devons savoir avant le risque d'oubli.

Et il ajouta :

– Jusqu'à aujourd'hui.

Alors je plongeai avec délices dans les années 30. Je ne savais pas que je venais de commencer un livre. Ce livre.

Jours heureux, nouvel amour qui s'éveille, joie d'écrire, rendez-vous lointain...

Le passé surgissait, frais et vivant, et tellement ravivé par le présent que j'en éprouvais une ivresse.

Dès que je reçus le premier article où je parlais de mon père, je me précipitai chez lui. Il le lut, relut des passages à haute voix et le garda entre ses mains comme s'il avait peur qu'on le lui reprît. Puis il me dit :

– Les Belges... ce sont les Belges qui ont voulu savoir ça. Tu leur diras merci. Les Français ont oublié qu'ils avaient une histoire. Je nous revois, avec Malraux, sur le Rhin, en 45, au bout de la guerre comme au bout du monde... Il me disait : « Quand tu reviendras, la France t'embrassera sur la bouche. »... Mais à Paris tout était déjà oublié. Et ceux d'entre nous qui sont morts au combat... Nizan, Saint-Ex, Prévost...

Il eut un geste de la main comme pour chasser une émotion trop forte puis il me regarda :

– Quand je pense à tout ce en quoi nous avons cru pendant les années terribles... Tu te souviens?

Je me souviens des messages vrillant les nuits glacées de l'Occupation, je me souviens du cousin de droite avec qui on avait renoué dans les larmes de la défaite et qui nous donna la filière cévenole et le chemin vers la ferme tapie sur le causse qui fut le salut de tant de résistants. Je me souviens d'André Wurmser se glissant en rasant les murs dans le sanctuaire tapissé de livres que mon père avait baptisé la Chambre de Goethe pour défier la guerre. Lélette chantait *Les Amours du poète* et des gens se croisaient, se parlaient à voix basse. La dame pasteur alsacienne, le réfugié espagnol, le curé de Saint-Guilhem-le-Désert, le monsieur de Vienne, la cantatrice... et tant d'autres dont je n'ai jamais su les noms, et tant d'autres qui n'avaient rien en commun que l'amour de la liberté. Jaujard, Hilsum, l'héroïque mademoiselle Soulié, « petite et sévère », et son neveu qui mourut « sans gloire » dans la neige.

Pour nous.

Et je me souviendrai jusqu'au bout de mon chemin de cette armée mystérieuse qui me délivra de la peur et je lui rends grâce et lui dis merci. Comme je rends grâce et dis merci au soldat de l'Armée rouge tombé sur la neige de Stalingrad et au soldat américain pour qui la douce Normandie fut le terme du voyage.

Je me souviens de tout et je sais qu'il est difficile de guérir cet espoir.

Mais moi, j'ai encore des forces suffisantes pour vouloir inventer l'avenir.

Mon père, lui, est à l'âge où restent peu de forces, peu d'avenir. Et beaucoup de chagrin.

Un jour où nous nous trouvons seuls tous les deux, il prend ma main et me dit en confidence :

– Je suis triste.

Et il ajoute :

– Nous n'avons quand même pas vécu pour rien?

Terrible phrase qui demande justice.

J'ai peur comme au seuil de la guerre.

Mais ce n'est plus de l'Allemagne que vient ma peur.

J'ai peur de nous.

Avait-il raison, Jean Passerat, quand il écrivait, à la fin du XVIe siècle : « Le Français ne se vainc que par le Français même »?

Je refuse de le croire.

Et je vois mon père qui s'éloigne tout doucement, qui s'affaiblit, petite flamme vacillante. On peut lire le déclin de sa vitalité sur le visage de ma mère. Elle ne le quitte plus des yeux et, parfois, une onde de désolation passe sur elle comme un nuage noir.

Et la désolation nous gagne tous, gagne ses amis. Pour combien de temps encore est-il parmi nous?... Je tressaille quand le téléphone sonne trop tôt le matin, trop tard le soir. Nous passons les voir le plus souvent possible, à propos de tout, à propos de rien. Nous les trouvons toujours en train de travailler. Il ne peut plus tenir la plume, il dicte à ma mère et c'est un spectacle déchirant de les voir tous deux penchés sur la table comme un couple de vieux ouvriers courbés sur l'établi.

Quand il a su que j'avais dépassé le stade des articles pour envisager un livre, il s'est passionné.

– Où en es-tu, citoyenne? me demande-t-il quand j'arrive.

Citoyenne?

Je reste clouée par ce mot.

Il vient de trouver mon titre.

– Ça avance?

Oui, ça avance.

La Citoyenne...

Maman fait de la place sur la table encombrée de papiers, Josée apporte le thé comme autrefois, comme dans toutes ces vies antérieures qui ont été leur vie, à Versailles, à Montauban, dans les châteaux de la Joconde traquée quand le thé était du tilleul et que je tentais de suivre mon père dans la forêt de Blanzaguet où se cachait le maquis.

– Rentre à la maison.

– Mais...

– Rentre à la maison. Rappelle le chien, attache-le et rentrez tous les deux.

J'obéissais. Ah! si j'avais été un garçon!

Il y a quarante ans de ça...

– Alors, ça avance? répète-t-il.

Et l'on parle du Métier d'Écrivain.

On prononce ces trois mots qui me donnaient un frisson délicieux quand j'étais petite.

Ça n'a pas changé.

Je frissonne.

Parce que l'écrivain, ô merveille, est un menuisier qui invente son bois.

Alors nous donnâmes une fête...
Car :

Nous sommes gémeaux
Tels les Tyndarides
Aux belles cnémides
Dompteurs de chevaux
Nous sommes jumeaux!

Ces vers de Cocteau, je les entendais depuis l'enfance à chaque matin d'anniversaire et je les récitais moi-même à mon père. Né le 6 juin, il avait juste un jour de plus que moi. Et quelques années.

Fidèles à la tradition, le premier dimanche de juin 1983, nous étions tous réunis à « Coin-Perdu » pour la fête des gémeaux qui étaient devenus trois le jour où j'avais rencontré Louis.

Il faisait beau. Le jardin ouvrait ses fleurs. La maison avait pris son visage de gala, son visage des jours joyeux que l'on voudrait serrer dans un herbier. « Tu te souviens? » Jours des nappes antiques, des petits bouquets fragiles, jours des vieux services dépareillés mais qui ont connu tant de fêtes dans la même famille, jours des napperons brodés par les jeunes filles qui furent nos aïeules. Petits cadeaux cachés, gros paquets noués de faveurs, surprises... « et vous, recluses des fagots, bouteilles, vieilles mal peignées, en robe de fil d'araignée », comme les saluait Marie Noël, recluses pieusement montées de la cave et couchées dans des paniers de vannerie. Et le tablier que l'on garde jusqu'au dernier moment pour ne point gâter sa parure dans les sauces, et l'approche de la fête qui est presque douloureuse à force d'espoir. Et le chat qui sait tout, qui s'est bien léché avec ses pattounes et qui est prêt, dans son smoking noir, ses gants et son plastron blanc, énervé comme un enfant qui attend sa marraine, bondissant à chaque bruit de voiture : si c'étaient eux?

Et, à l'heure dite : les voilà!

La voiture des fils s'arrête devant la maison, les portières s'ouvrent, voix joyeuses : c'est nous!

La Fête est commencée.

Pauvre fête autour de son fragile héros. Quand j'ai vu mon père sortir de la voiture si menu, si frêle, soutenu par ses petits-enfants, mon cœur s'est serré... Était-ce le dernier rendez-vous des gémeaux?

Alors nous avons tous été très gais.

Surtout ma mère.

– D'abord une très bonne nouvelle, dit-elle en s'asseyant à table, notre tombeau sur la montagne est enfin terminé!

Naturellement tout le monde éclate de rire. Elle n'a pas cherché autre chose.

– Et où est-il ce tombeau?

– Introuvable!

Et on rit encore plus fort.

– Promettez-nous d'y aller cet été! insiste-t-elle.

– C'est un joli but de promenade! ajoute mon père.

Franche rigolade autour de la table.

1 380 mètres d'altitude, la plus belle vue du massif de la Luzette, face à l'Aigoual, la solitude gardée par les éperviers l'été, défendue par la neige l'hiver...

– Je vais prendre un peu de vin, dit maman qui n'en boit jamais. Un tout petit peu parce que c'est la fête!

– Moi aussi, dit papa.

Et Chantier, émue, lui saute sur les genoux avec l'intention de le soulager d'une partie de son foie gras, mais pas tant pour le voler que pour communier avec lui.

– Chantier, descends! Sois convenable avec ton grand-père!

– Elle est brave, dit papa comme un berger des causses parlant de son chien. Mais elle ne me semble pas avoir le même quotient intellectuel que Tybert.

Ah! Tybert... Son ombre tigrée et douce passe dans nos mémoires... Tybert le chat qui, pendant dix-huit ans, tous les jours ouvrables, assis sur la table de la cuisine, serra la main du facteur. Les nouveaux, les remplaçants avaient toujours un instant de trouble devant ce chat qui miaulait en leur tendant la patte :

– Il est gentil, le chat?

– Très gentil, il veut seulement vous serrer la main.

Et, comme les facteurs étaient gentils aussi, Tybert était très heureux.

– C'était un dieu lare, dit mon père.

On est bien, c'est la fête.

– Oh! il y a une chose que je veux vous demander, dit maman. Je voudrais que vous me disiez quel est le numéro qui est inscrit sur le pot de fileuse de ma grand-mère Pauline. Impossible de m'en souvenir... Et ça me tourmente! Vous voyez de quel pot il est question? C'est un pot qui est...

– Vert, en grès d'Anduze vernissé!

– Il est posé sur le manteau de la cheminée des Bressous!

– Entre le chassepot de la guerre de 70 et les jumelles du dieu Némausus!

Cette réponse de ses petits-enfants en chœur antique semble ravir ma mère. Comme elle a l'air heureuse, tout à coup, Lélette! Et jeune.

– Eh bien, poursuivit-elle, le premier qui arrive aux Bressous m'écrit pour me dire le numéro! J'en ai absolument besoin. Parce que j'ai une autre grande nouvelle à vous annoncer : j'ai commencé un roman!

Tonnerre d'applaudissements. Chantier saute par terre et va se cacher sous un fauteuil crapaud.

Il a un joli titre le roman de Lélette : *La Perle de Valleraugue.*

C'est le nom qu'on donnait dans le village à sa grand-mère fileuse, la femme du « tailleur d'habits », la mère de Félix qui apprit le latin et le violon grâce à la République.

– De tout ce que je possède, ce pot est peut-être ce à quoi je tiens le plus... Si elle n'avait pas eu le courage de partir à la filature dans le froid des matins d'hiver, nous n'aurions pas reçu de la vie ce qu'elle nous a donné... Alors j'ai voulu raconter son histoire. Parce que c'est la nôtre.

C'est vrai, cette humble poterie est le plus bel héritage qu'une aïeule puisse léguer à sa descendance. Elle dit l'adversité, elle dit le courage, elle dit de ne pas oublier...

– Et *La Citoyenne*?

Ça se passe bien. Je travaille. Si ça continue comme ça, je pense paraître avant la fin de l'année. Mon père s'anime :

– Tu nous en lis quelques pages?

J'ai lu le sel de la Terre, le curé des Brigades internationales, le début des abeilles... et la petite phrase entendue dans l'avion.

Silence. Leur ai-je fait de la peine? Ils se taisent. Puis mon père demande :

– Vous avez des nouvelles de la télévision?

Non, bien sûr. C'est fini. Affaire classée.

Il me semble très triste tout à coup. Depuis le premier coup de téléphone, le jour du prix Roland

Dorgelès, il n'a jamais cessé d'espérer que le vent tournerait.

– Ma fille, dit-il comme toujours lorsqu'il veut me dire quelque chose de solennel, ma fille, écris-le ton livre. Et dis toute la vérité. Mais... j'ai peur pour toi. Je ne voudrais pas qu'on te fasse du mal.

Et moi je voudrais tant le rassurer. Mais comment?

Heureusement le gâteau couvert de bougies est arrivé, on a soufflé ensemble, les trois gémeaux, et on a parlé d'autre chose.

– Viens, me dit maman, je voudrais faire un tour de jardin.

En réalité elle veut me parler.

Nous sommes allées nous asseoir sur le banc sous le noisetier. Chantier, grièvement bourrée de nourriture, s'installe en face de nous en démarrant son bruit de bouilloire. Un oiseau chante.

– L'Élysée a appelé hier, dit ma mère.

Elle se tait longuement. Triste. Je n'ose la questionner. Elle soupire et poursuit :

– Le président voulait avoir ton père à déjeuner. Il a fallu dire non. Il est trop tard.

Trop tard?

– Depuis le 10 mai 81 ton père a attendu le moment où il pourrait parler au président. Et maintenant, quand l'invitation arrive, il n'a plus la force de marcher, de soutenir une conversation. Il ne peut plus exprimer ce qu'il avait le besoin – et sans doute le devoir – de dire. C'est trop tard... Mais les désillusions ne changent rien aux convictions, dit-elle en se redressant.

Elle regarde droit devant elle. Puis elle joint les mains, animée de la même passion que la jeune femme d'autrefois.

– Jusqu'au bout je lutterai pour maintenir André dans la vie vivante! Jusqu'au bout je veux qu'il existe! Mais il est si profondément désespéré... Jeudi dernier, il était très mal mais je savais que je ne devais rien entreprendre pour l'empêcher d'aller voter pour Senghor et Soustelle. Je savais qu'il devait aller à l'Académie. Y serait-il mort.

Le mot est lâché. Elle me regarde :

– Je voudrais que ton père puisse profiter de la belle saison... Je sais qu'il ne lui reste plus beaucoup de temps à vivre... Je voudrais que cet été soit pour lui l'été des dernières joies.

Et elle? Pense-t-elle à elle, à sa fatigue? Ne devrait-elle pas...

Des conseils à ma mère? Je rêve? Elle a tout prévu, et même de se reposer. Elle a mis sur pied une organisation sans défaut. Grâce à Soledad.

– Soledad?

– Une infirmière espagnole que je viens de découvrir! J'ai hâte que tu la connaisses, tu l'aimeras! On parle de nouveau espagnol à la maison! Elle va venir dans le Midi avec nous. Ça me permettra de dormir, de prendre le soleil, et tu sais, moi, quand je suis bronzée, je puis tout affronter!

Nous savons toutes les deux ce que signifie ce mot : tout. Lélette regarde le jardin comme si elle le voyait pour la première fois, elle renverse la tête en arrière : « Ce sera un été à noisettes... », se penche vers une bordure : « Comment s'appellent ces fleurs? »

– Des impatiences.

– C'est joli, dit-elle. Des impatiences... Et vos arbres ont encore grandi... Quel âge a ta maison?

– Nous pensons qu'elle va avoir cent ans.

– C'est joli, répète-t-elle, mais quel travail, une maison, pour une femme... Tu vois, avant toute chose, il faut que tu finisses ton livre. Il faut que tu oublies tout, la famille, la maison... et même Chantier! ajoute-t-elle en caressant le chat qui lui fait de l'œil en louchant. Il faut que tu ne penses qu'à *La Citoyenne*.

Puis elle dit une phrase que je connais bien puisque c'est moi qui l'ai écrite : « Car c'est toujours la guerre et il faut toujours avancer », et se lève, légère, souple comme une jeune fille, gracieuse dans sa robe claire.

– Viens, me dit-elle, André va s'inquiéter.

Comme elle l'aime!

Comme il va falloir l'entourer quand elle sera seule.

Maman est morte quatre jours après la Fête.

LA CITOYENNE

> « ... C'est, dira-t-on, l'histoire de tout le monde. Mais tout le monde n'a pas occasion de raconter son histoire. Et, si chacun le faisait, il n'y aurait pas grand mal : l'expérience de chacun est le trésor de tous. »
>
> Gérard de Nerval

Au bord de ma fontaine, au bord de la Fontaine, assise sur la margelle de mes origines, je regarde respirer la source. Comme je suis très sage, très immobile, toute de silence et de paix, des poissons très anciens osent monter à la surface et ouvrir leur bouche humide comme pour déposer un baiser. Et, devant moi, là où le bassin se perd dans le gouffre bleu, il y a, rond, parfait, fondamentalement géométrique, l'ombilic de la source de la fontaine Nemausa. La nymphe invisible est toujours vivante. Comme aux temps des Antonins quand le laurier qui étendait l'ombre de ses feuilles amères sur elle était celui des Césars. Comme aux temps des enfances de notre siècle, quand Lélette aux longues tresses regardait son père disparaître dans la grotte mystérieuse d'où il remonterait, couvert d'algues douces, un fragment d'œnochoé entre ses mains ruisselantes.

Les arbres de Judée en sont à ce point du cycle où ils vont brusquement s'embraser comme un feu attisé par le vent. Et quel vent! Le vent du printemps qui souffle, en ce matin d'avril 84, sur l'un des plus beaux jardins de France où je reste assise, immobile comme une femme de pierre, n'osant me retourner pour surveiller les troncs noirs couverts de braises de fleurs de peur d'effrayer la fontaine.

Ce matin, j'ai été la première à franchir la grille dorée, à fouler cette terre dure et sèche qui a la couleur poudreuse des monuments nîmois. Je suis arrivée hier soir, Nîmes sera ma seule halte sur la route de la montagne où je vais. Tard dans la nuit, j'étais restée aux aguets, sur un balcon, face à la Tour Magne qui déroulait son spectacle. Le ciel était rose et doré puis il avait brutalement pâli, d'un blanc chauffé à l'extrême, avant de basculer dans les profondeurs du bleu et de l'ombre. Et j'éprouvais un sentiment parfait. Comme si tout était accompli. Et cette perfection d'accomplissement rayonnant de la Tour lumineuse me préservait du froid qui venait peu à peu et de la fatigue. Je me sentais non pas en hibernation, mais en état de printemps qui va éclore.

A peine éveillée, j'avais couru vers la fenêtre. Le petit jour avait égaré la Tour. Plus de Tour! Engloutie dans le brouillard. Partie.

Mais cet évanouissement n'était que la dernière malice de la froide saison ou la première coquetterie des beaux jours et le brouillard a vite rendu l'âme comme sur les mers chaudes où il lui faut bien témoigner jusqu'à l'infini de la beauté de la création et s'incliner devant le soleil. Comme en ce jour de printemps sur la mer où nous bûmes le vin jamais oublié de l'amitié. La lumière fut et la vieille Tour reprit sa place, aux yeux de tous, au sommet de la colline verte où tout parle à haute voix du retour de la Reine de la Nuit à la surface de la Terre, avec son cortège de jeunes pousses, d'agnelets mousseux broutant jusqu'au parfum des fleurs et d'arbres de Judée qui profitent de l'instant où on ne les regarde pas pour allumer leurs calices.

Brûler, brûler des herbes pour oublier l'hiver!

Tout ce qu'il y a de païen en moi – et Dieu sait! –, tout ce qu'il y a de fidèle aux divinités perdues entame un chant et, comme pour accompagner ce chant, les cloches se mettent à sonner.

Pas n'importe quelles cloches : les cloches de Pâques.

– Les cloches sont parties à Rome, disait mémé la huguenote quand les clochers se taisaient sur la ville.

– Mais pour quoi faire? demandais-je, un peu étonnée par ce voyage catholique, apostolique et romain.

– Elles vont trouver saint Pierre et lui demandent si elles ont le droit de retourner dans leur pays.

– Et des fois, il les garde, saint Pierre?

– C'est rare, disait mémé, évasive. Il faut qu'elles aient été très vilaines...

Cette année, elles n'ont pas dû être vilaines. Elles mènent si grand tapage que les poissons n'osent plus monter à la surface. Je lève la tête vers le ciel, sait-on jamais, si j'arrivais à voir une petite retardataire abordant une flèche de pierre?

Je n'ai pas vu de cloches mais j'ai pris un arbre de Judée en flagrant délit de floraison et, comme un cordon de poudre enflammé, le feu rose a gagné tous ses frères parmi les froides verdures des lauriers, micocouliers, cyprès, kermès, cèdres et palmiers.

Alors je suis allée dans le Temple de Diane tout proche et j'ai appuyé mon front contre le fragment déposé de l'ancien plafond (depuis que j'ai baisé le sol à Delphes et que j'ai eu des boutons, je suis devenue prudente en baisers archéologiques).

L'odeur du Temps semblait sourdre de la pierre. J'aurais pu rester là très longtemps – si longtemps que j'y aurais été oubliée – et devenir moi-même un fragment. Un souvenir immobile d'une civilisation éteinte. Mais, sans bruit, avec grâce, une créature soyeuse sortit des ruines et posa son regard sur moi. C'était une chatte de race dite Europeanna. Elle était chez elle dans cette majesté comme les chats sont chez eux à Rome et le furent sur les bords du Nil triomphant. Je voulus la suivre mais elle avait déjà disparu, n'ayant plus rien à me dire maintenant qu'elle m'avait rappelé ma naissance.

Ma naissance.

C'est-à-dire ma condition mortelle.

Et tout ce que la mort m'avait appris et repris en cette année fut là devant moi comme une offrande.

Les cloches sonnaient toujours.

Résurrection, disaient-elles. Renouveau, disait la nature, et je me souvins du pèlerinage que nous avions fait à la Fontaine avec mes parents au sortir de mon premier voyage sur la mer latine. Mon premier grand voyage qui devait être le dernier avant le temps carcéral de la guerre et de l'Occupation mais qui allait, chère mémé intrépide, m'ouvrir le cœur sur le monde et les autres races. Quel émerveillement d'apprendre que nous étions, nous, Gaulois, non seulement un peu romains, mais un peu grecs, un peu alexandrins! Que nous étions au carrefour de tant de routes! Et de découvrir, le même jour, sur le versant chrétien de notre histoire, un poète qui portait le nom du vent qui fait plier les arbres et dont j'avais l'honneur, moi, de porter le prénom!

Comme aujourd'hui nous avions quitté la conque fraîche pour gagner la terrasse, puis nous étions montés vers la Tour...

Au front de la Tour Magne
le Saint Signal est fait.

C'était là-haut que papa avait récité le poème.

Sont morts les beaux diseurs
Mais les voix ont sonné.
Sont morts les bâtisseurs
Mais le temple est bâti.

Ne pas pleurer.

S'asseoir sur ce banc de pierre et admirer ce jardin, ce chef-d'œuvre commun signé des hommes et des dieux.

Mais tout prend un autre sens quand la mort est passée. Un banc de pierre n'est plus seulement pour moi un endroit où l'on s'assoit mais le banc de pierre où je me suis assise avec maman sous le noisetier plein de promesses.

« Ce sera un été à noisettes », avait-elle dit, et ce fut vrai.

Elle m'avait dit aussi : « J'ai hâte que tu connaisses Soledad, tu l'aimeras », et ce fut vrai.

Malheureusement, quand je fis la connaissance de

Soledad, quatre jours après la double prédiction du banc de pierre, maman venait de mourir en quelques minutes, sans crier gare et avec grâce, tout étonnée de précéder celui qu'elle aimait. Le désir de lui épargner la plus profonde des douleurs lui avait fait accepter l'idée de lui survivre. Et nous l'avions acceptée avec elle, comme une chose entendue, oubliant que les dieux prennent rarement les humains comme confidents et encore moins comme conseillers.

Lélette. Maman. Immobile à jamais. Sa chevelure de cristal encadrant son beau front où reste, cœur rouge qu'on n'effacera pas pour qu'elle l'emporte avec elle, le dernier baiser que sa petite fille posa sur sa peau encore tiède. Paupières fermées sur le visible, elle voit maintenant ce que nous ne connaissons pas.

« Je suis libre penseur », m'avait-elle dit un jour de mon enfance.

Libre penseur... Pardonne-nous, mais c'est toi qui as défini notre Foi.

Libre penseur... Mais tu étais restée camisarde comme on reste fille de David et, si tu as voulu partir sans pasteur, sans office, sans autre escorte que ta descendance, tu as cependant voulu être accompagnée du choral de Luther : « C'est un rempart que notre Dieu. »

Ce cantique du courage, mon père me demanda de le dire au bord de ta tombe sur la montagne, au terme de ce qu'il nous avait décrit comme « une jolie promenade ».

Il n'avait pas menti.

Les genêts éclataient sur les pentes, taches d'or piquées du rubis des digitales, le frisson soyeux des champs de hautes graminées courait sous l'haleine du vent et, quand nous arrivâmes au terme du voyage sur le massif de la Luzette, nous découvrîmes un tapis de fleurs, violettes, anémones blanches, clochettes frêles, jeunes pousses, douces mousses, frais bourgeons...

C'était si beau que je me dis : « Il faudra que je raconte tout ça à maman! » et, brusquement, je m'arrêtai, atteinte, blessée, comprenant que, plus jamais, je ne raconterais rien à maman.

Mère, premier recours, médiatrice originelle entre l'univers et ma fragilité, m'aurais-tu abandonnée?

Non.

Tu me laisses tes pouvoirs. A moi de savoir les découvrir.

Par pudeur, par respect pour toi, mon incroyante, je n'avais pas osé prier mais, en disant ton psaume dans ce jardin du silence, au bord de ce promontoire cristallin ouvert sur nos vallées, je compris, comme on reçoit une annonciation, que nous nous étions retrouvées.

Je compris aussi ce qui m'attendait.

Mon père m'avait prévenue, le soir de ta mort, son premier soir de mari abandonné : « Je ne pourrai pas vivre sans cette femme adorable », et cela était la vérité.

J'étais là, bien sûr, j'étais sa fille et son sang mais tu étais son âme. La douleur elle-même s'émerveille devant les mystères du couple et de l'amour. Et, sur la montagne en fleurs, je savais qu'il nous faudrait revenir bientôt.

Cinq mois jour pour jour de séparation.

Cinq mois d'agonie.

Père, je ne raconterai pas ton voyage à travers les ténèbres mais je veux raconter ta lumière en ce matin où Jean, ton médecin qui était devenu ton ami et mon frère, m'appela près de toi.

La veille, je t'avais porté un petit bouquet de

novembre fait de toutes les fleurs encore vivantes de mon jardin. Tu avais souri et tendu les mains vers elles, alors je les avais nommées pour toi. La rose, le géranium rouge, le géranium lierre, les marguerites, les œillets d'Inde et le laurier du Poète pour signer le bouquet. Quand je suis partie, Soledad qui ne t'avait pas quitté depuis la mort de maman était venue avec moi jusqu'à la sortie du Val-de-Grâce. Nous nous taisions sur des pensées jumelles. Nous nous sommes embrassées et elle m'a dit :

– Il est comme une feuille qui sèche...

Et maintenant j'étais de nouveau près de toi.

A peine entrée dans la chambre, j'ai su.

Je n'avais encore jamais accompagné personne jusqu'à la porte invisible. Mais je savais que notre sœur la mort était là.

Une présence solennelle et calme, quelque chose d'immense qui m'absorbe tout entière et m'évite d'analyser, de regarder ce que nous vivons : les derniers moments de mon père sur cette terre.

Soledad, à la tête du lit, tenait une de ses mains dans les siennes, l'autre reposait sur le drap. Je me suis approchée, assise et j'ai pris cette main comme il prenait la mienne, il y a bien longtemps, ma toute petite main de tout petit enfant, pour parcourir la montagne. Et je l'ai emmené pour une promenade à travers les souvenirs vers le mystérieux Hort de Dieu où survivent encore les grands chats tigrés, antenne de soie dardée de l'oreille attentive parmi les buissons d'églantiers et les orchidées sauvages de nos Cévennes. Et me venaient des poèmes, des fragments, des vers inachevés français et provençaux, s'escaladant comme des moutons dévalant une draille, avec, hélas, l'inévitable, la permanente présence de la mort qui survole toute poésie.

Je le sentis frémir quand je lui dis les vers qu'il avait

écrits dans l'humiliation de 40 sur notre maison des Bressous :

Et s'il me faut quitter la place
Le front baissé
Ceux de ma race
Un jour qui vient marcheront droit!

Alors il me regarda de ce regard profond qui semblait voir à travers les apparences. Au-delà de la poésie il attendait autre chose... Son visage émacié réduit au simple dessin de la peau sur les os était très beau. Beau comme celui de ma mère endormie. Et ma souffrance se réjouit à l'idée de leurs éternelles retrouvailles sur la montagne.

Il attendait. Quand j'ai parlé de sa grand-mère, il a baissé les paupières comme s'il n'avait plus peur.

– Elle t'avait dit : « Je suis tranquille... Il saura te retrouver... Il te retrouvera bien un jour! »

Il a rouvert les yeux et il m'a regardée comme il ne m'avait jamais regardée et sans doute comme il ne m'avait jamais vue et il y avait du sourire dans ses larmes. Du fond de la douleur, un petit garçon qui avait craint d'avoir poignardé sa grand-mère en lui avouant qu'il n'avait plus la Foi, un petit garçon de l'Aigoual, du vent, des sources et des poètes courait vers ce vieil homme épuisé et meurtri par une si belle et si longue vie pour lui annoncer l'Espérance.

– Adieu, ma fille, dit-il doucement avec un nouveau sourire.

Après...

Après... « il n'y a plus que Dieu... Si notre vie est misère, comme il est facile, le passage pour aller de ce monde au Père des Esprits ».

Ne l'avait-il pas écrit de sa main à la fin de *La Tour de Constance,* au moment de la mort de Marie Durand?

Bénédiction paradoxale des épreuves que l'on écarte de la main comme un fer rouge avant d'accepter la brûlure.

Baptême.

Après la mort de mon père, mes forces fuyant comme du sable entre mes mains, je me sentis évacuée, exclue de ma propre vie. A peine leur a-t-on fermé les yeux qu'il faut ouvrir leurs tiroirs. Violation. Malaise. Horreur des lettres lues, des photos qui vous sourient depuis l'autre rivage. On ne trouve jamais le papier que l'on cherche mais les humbles secrets des âmes envolées. D'un sachet jauni serré dans un coffret fermé à clef s'échappent des billets de banque espagnols datant du dernier voyage à la laguna de l'Almanzor, chère Espagne jamais oubliée, cher mirage vers lequel ils ne purent retourner mais qui, fidèle, fut présente à leur mort, Soledad, et au-delà de leur mort puisque c'est une main espagnole, Juan, qui grava leurs noms sur leur tombe.

Au fond du coffret se cachent d'autres trésors. Un paquet de lettres liées ensemble. Des lettres récentes. Mai 81. J'ouvre la première :

« Cher André Chamson, pourquoi un homme comme

vous a-t-il soutenu la candidature de François Mitterrand? »

Il y en deux ou trois sur ce ton, gentilles et affligées. Les autres, une dizaine, sont ordurières, insultantes. Anonymes.

Comme il a dû souffrir, l'Incorruptible. Comme je comprends maintenant pourquoi il m'a dit en ce jour de l'année dernière où nous étions seuls :

– Je suis triste.

Je suis triste à mon tour au milieu de ses manuscrits, de ses projets, de ses archives. A peine rentrée des obsèques, je reçois un gros paquet de chez Grasset : les épreuves de son livre posthume, *Il faut vivre vieux*. Je les corrige dans la détresse.

Épreuves...

La mort a son cortège. Il faut quitter des maisons, effacer des images familières, fermer des portes que l'on n'ouvrira plus.

Et vient un jour où l'on sent que l'on s'est absenté de soi.

Qui me dira le nom des vertus qui permettent de dominer le chagrin? Seul le temps est maître de la guérison mais sa marche semble immobile quand on le regarde couler depuis un lit d'hôpital. J'étais au Val-de-Grâce. J'avais honte de ne pas aller bien. Aux consultations je rencontrais des garçons qui avaient l'âge de mes fils et qui portaient sur eux les blessures du Liban. J'avais envie de leur demander pardon de ma faiblesse.

– Un matin, me disait le docteur, un matin vous vous remettrez à *La Citoyenne* et vous serez guérie.

La Citoyenne... Écrire... Vivre.

Mais je ne pouvais plus rien saisir.

Je dérivais.

A quel âge cesse-t-on de se sentir orphelin quand on perd ses parents?

Je dérivais.

Je sentais le regard de Louis posé sur moi, je voyais son amour, la tendresse des enfants, la confiance des amis, à la lumière crue de ce projecteur qu'est le deuil. Je recevais des lettres de lecteurs, fidèles ou inconnus, elles m'arrivaient, lumineuses comme l'Étoile dans un ciel vide. Je savais que je n'étais pas abandonnée.

Si ce n'est par moi.

Je regardais atterrir gracieusement les hélicoptères de l'armée, je voyais courir des infirmiers poussant des civières sur lesquelles étaient allongés de jeunes hommes, je pensais à ce sang, le nôtre, qui coulait au milieu de notre indifférence, de notre inconscience, de notre égoïsme... car c'est toujours la guerre et il faut toujours avancer... J'entendais la voix de Lélette me dire, en ce matin qui devait être son dernier matin, ce mot que nous ne savions pas être un mot d'adieu :

– Travaille!

J'aurais tellement voulu. Mais je ne pouvais pas.

Et puis, un matin morne, brusquement, de mon lit, par la fenêtre de l'hôpital, dans le jardin endormi par l'hiver, je vis un homme qui semait du grain à toute volée. Il était vêtu de bleu, il portait un sac noué à la taille comme dans l'ancien temps et il allait entre les façades, majestueux, calme, sans hâte, lançant sa poignée d'une pulsion régulière.

Éternelle.

Et rien n'était plus précieux que cette poignée vivante jetée à la terre obscure.

Alors je me suis levée et je suis partie pour écrire.

J'ai quitté ma Fontaine dans la chaleur de l'après-midi nîmois, j'ai roulé le long de jardins, de garrigues et de vignes avant d'atteindre les premiers contreforts des Cévennes.

Les montagnes étaient bleues.

A Valleraugue, j'ai ralenti et je me suis arrêtée au bord de l'Hérault.

De l'autre côté du torrent, au milieu des marronniers, posé comme une figure de proue, le Temple. Mon premier Temple où je m'en fus, un dimanche matin, main dans la main de mémé.

« Que Dieu se montre seulement! » avait-elle chanté.

Au-delà du pont, la Fabrique où Pauline allait retrouver le grouillement des vers à soie, emportant quelques châtaignes dans le pot en grès d'Anduze (nº 76), la Fabrique n'existe plus. Sur son emplacement, un jardin où les enfants font des pâtés tandis que les vieux bavardent en parlant d'autrefois. Mais la maison où mon arrière-grand-père avait son échoppe existe toujours, cette maison où je ne suis jamais entrée et qui fut celle des miens.

Tout commence là, pour nous, avec ce fils de la

fileuse et du tailleur d'habits qui confiait à son journal, un jour d'avril 1887 : « Rien ne peut peindre ma soif d'apprendre... »

Tout éclate avec la rencontre de sa fille et d'un jeune romancier issu « d'une longue lignée de paysans qui ne savaient parler qu'à voix basse ».

Et quand je raconte cette histoire, l'histoire de ma famille, j'ai toujours envie de crier : « Vive la République! » A condition qu'elle veuille bien, la République, nous permettre de continuer le voyage. Plus personne ne marche devant moi sur la route mais je connais le chemin, je sais où il va, comme je sais d'où il vient.

Je ne suis pas descendue de voiture, j'avais hâte d'arriver là-haut.

Malgré l'heure, la lumière du jour semblait croître tandis que je m'élevais vers les sommets.

Le vent des cimes mêlait l'odeur froide de la neige au parfum des premières fleurs. Sur la route de crêtes, défoncée par l'hiver, il y a encore des congères dans les creux d'ombre de l'ubac. Dans quelques jours elles auront disparu. La terre les aura bues.

Résurrection. Renouveau, ici comme dans la plaine.

Je pose le pied sur le sol élastique tissé d'herbes rases et de souterraines racines.

Me voici.

Je m'avance au bord du promontoire où s'élève, vigie immobile, le tombeau de mes parents, et la beauté de ce lieu me frappe une fois de plus.

Pas seulement sa beauté. Sa signification.

Je ne suis pas triste. Je ne le puis.

Ici n'est point lieu de mort et de larmes mais source d'avenir.

Je regarde et ce que je vois me parle comme un grand livre ouvert. Les vallées éclatent comme des étoiles et s'en vont jusqu'aux plaines latines au-delà desquelles on devine la mer. Le lacet pâle qui serpente au flanc de la montagne c'est celui que tracèrent *Les Hommes de la route*, les sombres forêts qui font le gros dos vers le Nord ce sont celles qui donnèrent asile à *Roux le Bandit* et, si j'égrène les noms des villages perdus que j'aperçois au loin, Ardaillès, Taleyrac, La Rouvière, c'est le tableau d'honneur de la Résistance que je récite. La Bécédelle... mon auberge, ma jeunesse, où sont tes ruines? où sont tes héros? Au-delà de l'Aigoual se cache le Camp de l'Éternel où religionnaires et maquisards menèrent, à des siècles de distance, le même combat pour la liberté d'être et de penser. C'est là-bas, dans la poussière des solitudes où planent les éperviers, qu'un jour de l'été 42 mon père écrivit pour moi avec une baguette de châtaignier ce mot :

RESISTER

Non, je ne suis pas triste.

Je suis émerveillée.

« Regarde, semble me dire la nature, c'est toi qui es maintenant la mémoire. »

Je regarde. Je suis la mémoire.

Devant moi le pays des *Rayols*. Les *Royaux* comme on disait de nous dans l'ancien temps. Loyaux sujets de Sa Majesté mais plaçant la conscience au-dessus du souverain. Humbles paysans, silencieux bergers mais grands lecteurs de la Bible et premiers tutoyeurs de Dieu.

Sel de la Terre.

Capables de prendre la Bastille ou de payer la rançon du Roi de France.

N'est-ce pas la même chose?

Sel de la Terre.

Mais incapables de prononcer la petite phrase de reniement.

Je me réunis...

Parce qu'ils savaient que cette petite phrase on ne peut la dire qu'à Dieu.

Et maintenant je suis la mémoire...

Et voilà que j'hérite. Avec tout ce que cela enferme de douleur et d'espérance. Et je n'hérite que pour que ma fille et mes fils puissent recevoir un jour le même trésor.

Tout ce qu'on peut emporter les mains vides.

Tout ce qu'on peut partager et transmettre.

C'est la dernière leçon que reçoit l'enfant que je ne suis plus.

L'enfant, qui autrefois, parcourant les chemins de crêtes, plaignait la goutte tombée du ciel sur la ligne de partage des eaux, la petite goutte qui devait choisir entre la chaleur et les brumes, entre la tuile et l'ardoise, entre la vigne et le blé, entre la Mer Intérieure et la Mer Libre... Pauvre petite goutte contrainte de choisir!

Je refusais de choisir.

Je refuse toujours de choisir.

Il me faut tous les paysages, tous les héros, tous les inconnus, tous les souvenirs, toutes les différences, toutes les dates, toutes les gloires, tous les deuils et même les hontes. Tous les espoirs aussi. Il me faut tous les arbres de ce jardin aux essences diverses qui font les ombrages et abritent les sources de notre pays.

C'est à toi, peuple de ce jardin, que je me réunis.

Parce que ces montagnes, ces vallées, ces plaines, ces horizons, ces villes lointaines, ce ciel, ces ciels, ces cieux, ce qui est au-delà de ce que l'œil peut saisir et que je devine, c'est la France.

Je suis française.

C'est la première fois que j'écris ces trois mots et cela me bouleverse.

Je suis la mémoire.

Mais une mémoire combattante.

Au bord du vide je respire un vent qui a goût de liberté...

La patrie sera toujours dans l'herbe et je suis citoyenne de cette herbe-là.

Cet ouvrage a été réalisé sur
Système Cameron
par la SOCIÉTÉ NOUVELLE FIRMIN-DIDOT
Mesnil-sur-l'Estrée
pour le compte des Éditions Flammarion
le 11 février 1985

Imprimé en France
Dépôt légal : janvier 1985
N° d'édition : 10474 – N° d'impression : 2142